教育部人文社会科学研究青年基金项目资助

世界历史研究

坚守与改革

——英国财政史专题研究

（1066年—19世纪中后期）

于 民 著

中国社会科学出版社

图书在版编目（CIP）数据

坚守与改革：英国财政史专题研究 / 于民著. —北京：
中国社会科学出版社，2012.4
ISBN 978-7-5161-0670-9

Ⅰ．①坚… Ⅱ．①于… Ⅲ．①财政史—研究—英国
Ⅳ．①F815.619

中国版本图书馆CIP数据核字(2012)第053281号

责任编辑　武　云
特约编辑　王　娟
责任校对　张瑞萍　熊力兵
封面设计　苍海光天设计工作室
技术编辑　王　超

出版发行	中国社会科学出版社	出 版 人	赵剑英
社　　址	北京鼓楼西大街甲158号	邮　　编	100720
电　　话	010-64036155（编辑）　64058741（宣传）　64070619（网站）		
	010-64030272（批发）　64046282（团购）　84029450（零售）		
网　　址	http://www.csspw.cn（中文域名：中国社科网）		
经　　销	新华书店		
印　　刷	北京市大兴区新魏印刷厂	装　　订	廊坊市广阳区广增装订厂
版　　次	2012年4月第1版	印　　次	2012年4月第1次印刷
开　　本	710×1000　1 / 16		
印　　张	12	插　　页	2
字　　数	203千字		
定　　价	36.00元		

目 录

前　言

　　财政是一个政权存在的基石。"任何社会制度，只有在一定阶级的财政支持下才会产生。"[①]财政还是一个国家强弱乃至兴亡的催化剂，是其扩大管辖权，向社会各个角落渗透意志的得力工具。有时，财政问题甚至是引发改革的根本原因，并决定着改革的路径。因此，从财政角度着眼，有助于我们更好地理解改革和社会发展的深层逻辑。

　　现代国家的形成与国家财政的变化相伴而生。[②]1066年至19世纪后期，英国基本上完成了从封建社会向现代资本主义社会的转型。推动转型的原因错综复杂，难以条分缕析，但是，毫无疑问，财政变革是促使转型发生的主导原因之一。[③]按照英国财政体制的发展与演进过程，可

---

　　① 列宁：《列宁选集》第4卷，人民出版社1972年版，第683页。

　　② J.A. Schumpeter, "The Crisis of Tax State", *International Economic Papers*, Vol. IV, 1954, pp. 5—38. 此外，J.A.熊彼特还强调指出："在那些新兴国家中，财政问题不仅占有至高无上的地位，而且还获得了新的重要意义。可以毫不夸张地说，至少就我们已考察过的欧洲大陆的经济文献而言，财政问题是中心论题，其余论题大都围绕这一中心论题。"参见[美]约瑟夫·熊彼特《经济分析史》第1卷，朱泱、孙鸿敞、李宏、陈锡龄译，商务印书馆1991年版，第302页。

　　③ 英国政治和财政体制转型的完成，大约应该以1688年的"光荣革命"和之后通过的一系列议会法案为标志。"1688年政变后，英国确立了君主立宪政体，《权利法案》确立了议会高于王权的原则，并对议会和王权的关系作了明确规定。"1694年的"《三年法案》是对《权利法案》的重要补充，它使国王不可长期不要议会，使议会能够成为一个常设性立法机构；其中每届议会不得超过3年的规定，是为了防止国王和权臣在议会中培植自己的势力。这样一来，英国历史上常见的'无议会时期'、'长期议会'和'短期议会'等现象一去不复返了"。"1701年通过的《王位继承法》规定，今后国王和高级官吏都必须由英国人担任。继承王位必须要得到议会的同意。"参见沈汉、刘新成《英国议会政治史》，南京大学出版社1991年版，第202页；阎照祥《英国政治制度史》，人民出版社1999年版，第202页。

以把这一时期的英国财政史大致上划分为"王室财政"体制（1066—1642年）、动荡中的革新——革命时期的财政体制（1642—1660年）、从"王室财政"体制向议会财政体制的过渡（1660—1688年）、议会财政体制的建立和发展（1688年—19世纪后期）四个阶段。

在1642年以前，国王及其王室是财政管理的当然中心所在。财政收入也最主要地来自王室领地和国王凭借个人特权课征的各种所谓的"赋税"，即财政收入主要来自国王的个人收入和特权收入。议会税收收入在财政收入中只占一小部分，主要用于战争军费等额外支出。因此，这时盛行的是国王应该"依靠自己生活"的财政理念以及与之有关的财政实践。这时，人们关于"税收"的争论，主要集中在税收课征的合法性上，即税收的课征是否合乎宪法和古老的法律；关于税收的"经济"争论，则主要集中在贫困者的税负问题上。议会和王权之间也曾就课税权问题展开过斗争，有时甚至是激烈的斗争，然而，在财政收入都主要来源于国王的个人收入及特权收入，而且议会对国王及其政府的财政支出还没有多少控制权的岁月里，英国的财政体制在性质上属于"王室财政"体制当无疑义。

1642年8月内战爆发到1660年王权复辟的18年，是英国财政史上一个极为特殊的时期。一方面，因为国家主权反复易手，王权失而复得，多种政治实验都因违背了历史传统，或因超越了现实的可能性，而宣告失败，包括财政体制在内的一切，似乎都只具有脆弱的稳定性或极端的不稳定性。但是，另一方面，动荡中的财政革新对后来的影响却清晰可辨。这一时期，财政收入在构成上，因消费税和固定税额税[①]等新议会税种的开课，以及关税性质的转变，而发生了巨大变化。虽然议会规范政府财政支出的努力仍然未能以议会法案的形式得以确立，但是单单是财政收入构成来源上的巨大变化及其对复辟时期财政的影响既已表明，革命时期动荡中的财政革新，为后来从"王室财政"体制向议会财政体制的过渡奠定了基础。

---

① 英文为apportioned tax，即摊派税。这种税收最大的特点是税额固定，并按照比例在各地分摊固定的税额。因此，笔者在本书中没有从"摊派税"这种一般译法，而是统一翻译为"固定税额税"。

1660—1688年的复辟时期，是英国从"王室财政"体制向议会财政体制过渡的时期。一方面，旧有的财政体制和财政机构逐步萎缩、退化，新生的财政体制和财政机构逐渐孕育、成长。在萎缩、退化和孕育、成长中，新旧体制进行着交替和过渡。复辟时期英国财政体制的过渡性特征，主要体现在以下三个方面：

首先，体现在财政收入和财政支出上。在1642年以前的"王室财政"体制下，处于国王严格控制下的国王领地收入和特权收入，约占财政收入的3/4，议会税收收入则仅占其中的1/4左右，而且议会税收收入中的关税，在很大程度上还是国王的特权税。内战爆发后，关税的课征权和税率的制定与调整权，转到了议会手中，这为复辟时期财政收入构成的变化奠定了基础。王权复辟后，议会税收收入约占财政收入的90%，这与"光荣革命"后议会税收收入所占财政收入的比例非常接近。因而，单从收入比例构成角度着眼，而不考虑议会是否对财政收入有实际的管理和操控权的话，[①]复辟时期的财政体制已与"王室财政"体制有了本质的不同。但是，如果从财政支出比例构成角度分析的话，这种变化却又不太明显。因为复辟时期和1642年之前一样，议会在财政支出上基本无控制权可言，而且议会税收中具有"常税"性质的关税、消费税和炉灶税收入，基本上用于国王的日常支出。上述两点，也正是复辟时期财政体制与1688年以后建立起来的议会财政体制的根本不同之处。因为"光荣革命"后，议会逐渐建立并最终完善了对财政支出的控制权，而且议会也不再同意国王可终身课征具有"常税"性质的关税等税收。因此，可以认为，复辟时期与之前和之后两时段相比，在财政收入及财政支出上的不同与相同之处，恰恰是其在财政收入和支出上过渡性特征的典型反映。

其次，体现在议会、国王与中央财政管理机构的关系上。英国的

---

① 复辟时期，关税和消费税虽在性质上毫无疑问已属于议会税收，但是，议会批准国王可终身课征的事实，却让议会失去了实际的操控权，因而，它们在相当程度上成了国王正常收入的重要组成部分。也正因如此，随着经济发展和对外贸易繁荣，在关税和消费税收入巨额增长之后，国王财政状况迅速好转，查理二世时期，财政已多有盈余。这样一来，议会不但很难对国王及其政府的财政支出加以控制，甚至在财政收入方面，亦因未能建立起短缺财政权规制，而难以对它们的财政收入进行切实的操控。

国王虽然一直到"光荣革命"后的很长一段时间内，都始终拥有行政决策权、大臣任免权等重大行政权力，但是，这并没有阻止中央财政管理机构与议会、国王关系之根本性转变的发生。在"王室财政"体制下，中央财政管理机构管理的主要是"国王的收入"，财政部门的兴衰沉浮最主要地取决于国王的个人意志，而且各中央财政管理机构之间职权不明、权力叠合的现象也极其严重，缺乏制度性规则。而"光荣革命"之后，作为中央财政管理中枢的国库，管理的财政收入绝大部分是议会税收收入，这决定了处于财政管理中心的国库必将转而向议会负责，并接受议会的监督和审查。与此同时，在议会的支持下，随着财政署的逐渐退出国家财政管理，国库下属机构的健全和分部门管理的制度化，最终孕生了现代中央财政管理机构——财政部。在上述中央财政机构与议会、国王关系的转变中，复辟时期起到了承上启下的过渡性作用。主要表现在两个方面：一是复辟时期，国库获得了新的权威，财政管理职能日渐增强。国库权威的提高和管理权的加强，是其最终能够摆脱国王对它控制的前提。二是国库开始向下院解释国王的财政需求，在接受下院审计和监督的同时，也试图影响下院的税收政策，新型的议会与中央财政管理机构的关系即发轫于此。

最后，体现在财政借款上。"王室财政"体制下的财政借款，本质上是国王借款，属"私债"范畴。而且这时的财政借款，又因为没有议会税收和议会权威作为担保，举借困难，多是强行借款。而"光荣革命"以后，所有财政借款都以议会税收为担保，并且随着长期借款规模的增加和程序的规范，国债制度最终得以确立。因此，"光荣革命"后的财政借款属"公债"范畴，而很少再具有私人借款的性质。另外，议会还通过国债制度进一步强化了其对财政的控制权。"王室财政"体制下和"光荣革命"后在财政借款上的不同之处既明，现反观复辟时期的财政借款，不难发现其与之前和之后两个时期的相同与不同之处。与"王室财政"体制下的财政借款相比，复辟时期，用作财政借款担保的税收多是议会批拨给国王可终身课征的税收，因而，在一定程度上还带有"私债"的性质，这是与"王室财政"体制下国王借款的相同之处。但是，另一方面，复辟时期的财政借款总体上是以议会税收为担保的，因而与国王借款又有着本质的不同。与"光荣革命"后的财政借款相比，在借款以税收为担保这一点上，复辟时期与革命后是相同的。然而，复辟时期以议会税收为担保的借款多为短期借款，长期借款的数量有限，而且此时议会还未建立起对财政借款的监督与审查程序，因而，复辟时期的财政借款仅初具"国债"借款的性质，国债作为一项制度还没有确立，这是复辟时期与"光荣革命"后在财政借款上的不同之处。

以上三个方面表明，复辟时期的财政体制，既与"王室财政"体制有着显著的区别，也与现代议会财政体制有着较大的不同，简单地将它划归"王室财政"体制或议会财政体制都不妥当。实际上，复辟时期恰恰是财政体制从"王室财政"体制向议会财政体制的过渡阶段。

1688年"光荣革命"后，议会通过财政权规制，逐渐建立并完善了议会财政体制。议会财政体制是一种与"王室财政"体制完全不同的财政体制。在议会财政体制下，财政收入几乎都来自议会批准的税收收入和作为财政收入特殊形式的国债收入。也就是说，国王领地收入和其他收入仅占财政收入很小的一部分，而且所占份额日趋减少。相反，议会税收收入在财政收入中的份额占绝对优势，而且所占份额日趋增加，"一切靠抽税"。另外，财政支出也主要不再服务于国王及其王室的私利，而是服务于议会所认定的国家利益，[1]议会还通过财政预算制度、财政审查制度和专款专用制度，逐渐确立了对财政支出的控制权。因此，在"光荣革命"以后，"王室财政"不复存在，"领地国家"被"税收国家"所取代，[2]议会逐渐完善并最终建立起了对国家财政的全面控制，议会财政体制得以确立。

本书并没有完全以上述英国财政体制性质的发展与演进历程为脉络展开论述，而是分专题，以"坚守与改革"为逻辑主线，对英国财政史上的一些重大问题进行了分析探讨。

第一章为英国财政史研究述评。之所以对学术界，特别是西方学术

---

① H. Roseveare, *The Treasury: The Evolution of a British Institution,* London: Allen Lane the Penguin Press, 1969, p. 68.

② M.J. Braddick, *The Nerves of the State: Taxation and the Financing of the English State, 1558—1714,* Manchester and New York: Manchester University Press, 1996, p. 12.

界的相关研究成果加以综述分析，是因为这不但能为我们的相关研究提供材料选择、观点和方法论上的指导，而且也有利于新学术思路的开拓和新研究突破点的寻找。

第二章主要从财政收入构成的角度，对英国从"王室财政"体制向议会财政体制的演进历程进行了分析。本章认为，财政收入构成的变化奠定了英国从"王室财政"体制向议会财政体制转变的基础。"王室财政"体制下的财政收入构成主体是国王的个人收入和特权收入，而议会财政体制下的财政收入构成主体则是议会的税收收入。构成主体的转换以内战爆发为契机，集中发生于复辟时期。

第三章专题研究中世纪和现代早期英国中央财政管理机构的沿革。中世纪时，国库、财政署和私室是英国最主要的中央财政管理机构，三个机构的命运沉浮不定，这主要是因为，只有国王及其王室才是财政管理的真正中心所在。都铎王朝时期，国王们为加强对财政的个人控制，建立了私室财政体制。斯图亚特王朝建立初期，在中央财政管理上一仍旧贯，但是，1612年的财政管理革新实践，却奠定了后来国库复兴的基础。本是中世纪封建财政管理机构之一的国库，经斯图亚特王朝早期和复辟时期的改造，逐渐孕育并且在"光荣革命"后最终形成了现代国家财政管理的中心机构——财政部。

第四章的研究对象是关税性质的演变。本章认为，经过长期的发展变化，关税从国王的一种特权税，逐渐演变为处于议会严格控制下的议会间接税。中世纪和1642年以前的现代初期，关税主要是国王的一种特权税。随着议会和王权斗争的高涨，以及议会的暂时性胜利，关税在1642—1660年间一度转变为处于议会直接控制下的间接税。复辟时期，关税的课征权继续掌控在议会手中，但是，因为缺少关税的日常操控权，议会的关税权残缺不全。"光荣革命"以后，随着议会在与王权争夺国家主权的斗争中取得了决定性的胜利，关税最终彻底演变为由议会严格控制的间接税。

第五章以1642年之前的财政借款为研究对象。通过对财政借款有关情况的历史考察，认为，1642年以前的财政借款多与国王特权有关，其中，这期间的强行借款和国王利用包税权向包税商人的借款，典型地体现了以国王和王室为中心的"王室财政"体制的特征，也正因如此，这一时期的财政借款实际上应该称为"国王借款"，总体上属于私债的范畴。

第六章对国债的源起、发展及历史作用进行了考察。关于国债的源起，学术界争论较大。本章从比较的视角入手，对有关情况予以考察后认为，复辟时期的财政借款已经具有了担保国债的性质，但是，这时国债还没有作为一项制度确立下来。"光荣革命"以后，议会就借款利息的信用担保、借款用途等事宜做出调查，并开始以特定的程序借款，这标志着国债开始作为一项制度确立下来。国债的产生意义重大，它奠定了英国强大的基础，推动了英格兰银行的建立，强化了议会对财政的控制。

第七章为财政解决、议会财政体制与宪政。从财政解决所建立的财政权规制的作用和结果看，其宪政性质和意义相当明确。通过关税财政权规制和短绌财政权规制，原来君主政体的财政基础几乎消失殆尽，王权及其政府形成了对议会的根本性财政依赖，议会财政体制逐渐建立并最终得以完善。同时，议会利用财政权规制产生的财政依赖，在渐趋经常化、制度化召开的议会会议上，通过自己的财政权力影响行政政策，逐渐控制了中央行政权力机构，实现了权力向议会的重大转移，把王权及其政府拉入了其划定的宪政轨道，使英国政治制度发生了根本性变化。

第一章

英国财政史研究述评

关于英国财政史的研究，西方学术界因起步较早而著作甚丰。按照时间顺序，大体上可以"二战"为界限，划分为两个时期。"二战"之前，学术界就已经涌现出了不少有关英国财政史的研究成果，其中有些成果对英国财政史作了较为系统的梳理，迄今仍具有十分重要的参考价值。"二战"之后，无论是整体性研究，还是专题性研究，都更显学术功力，有力地推动了英国财政史学术研究的深入。对西方学术界的相关研究状况稍加综述分析，不但能为我们的相关研究提供材料选择、观点和方法论上的指导，而且还有利于新学术思路的开拓和新研究突破点的寻找。

第一节 "二战"前的英国财政史研究

"二战"之前，西方学术界对英国财政史已有了较为系统的梳理，其中不但有为数不少的总体性、贯通性研究成果，也有大量的专题性研究论著。对英国财政史作整体性研究的早期著作中，最具有代表性的是S.道尔的《英国税收和税制史》。[1]《英国税收和税制史》共4卷，前两卷按照时间顺序，描述了自1066年威廉征服到该书版印时各税种的收入

---

① S. Dowell, *A History of Taxation and Taxes in England*, 4 vols, London: Longmans, Green, and Co., 1884.第一部全面研究英国财政史的著作，应是J.辛克莱于1785—1790年出版的《大英帝国公共收入史》（J. Sincliar, *History of the Public Revenue of the British Empire*）。J.辛克莱不但按照时间顺序概述了自古代和罗马统治时期以降，一直到现代早期的不列颠财政史，而且还专门研究了公债、所得税等财政税收史的具体内容，数据资料翔实，也较为可靠，直观地反映了各个时期以及各个主要地区（英格兰、苏格兰和爱尔兰）的财政收支状况。

情况，以及税种自身的兴衰演变；后两卷则以专题形式研究了直接税、印花税和消费税等。S.道尔对英国财政税收史研究所作出的巨大贡献是不容置疑的。但是，从另外的角度看，因为他的研究过于重视史料罗列，而轻视理论分析，过于重视对各税种自身兴衰演变的描述，而轻视对税收结构的考察，加之成书过早，今天看来"早已成为过时之作"。[①]

在所有的贯通性、整体性研究著作中，W.A.肖主编的《国库卷档日志》[②]最为引人注目。《国库卷档日志》凡32卷，是在充分搜集与整理国库、财政署等官方档案资料的基础上编著而成的。这些档案资料按时间顺序排列，既包括各种税收收入和非税收收入，也包括各种支出，因而其研究价值毋庸多言。特别需要提及的是，W.A.肖和F.H.斯林斯比以翔实的档案资料为基础，每卷都作有一篇极富研究深度的导论。这些导论既能独立成篇，又能合而成书。研究英国的财政收入与支出，特别是研究英国1660—1718年的财政收入与支出，考察这一时期的财政状况，探讨其间的财政与宪政关系，以及英国财政机构变革的情况，《国库卷档日志》是必不可少的宝贵资料。

然而，近年来，W.A.肖主编的这部巨著却遭到了诸多批判，主要集中在两个方面：其一，W.A.肖所列收入和支出表的计算错误严重。许多年初及年中收入表、支出表的各数据之和与总额有出入。这类出入绝大多数不超过10000镑，但是也有例外。例如：1665年、1660年、1670年复活节和1685年米迦勒节的年初或年中收入表计算，1661年、1662年、1663年、1665年、1671年复活节和1667年、1687年米迦勒节的年初或年中支出表计算。[③]上述计算错误中，有三处超过了100000镑，有一处竟然超过100万镑。[④]有时，基于前文数据的平均计

① C.D. Chandaman, *The English Public Revenue 1660—88*, Oxford: The Clarendon Press, 1975, p. 2.

② W.A. Shaw (Prepared), *Calendar of Treasury Books, 1660—1718*, 32 vols, London: His Majesty's Stationary Office, 1904—1962.

③ W.A. Shaw (Prepared), *Calendar of Treasury Books*, Vol. I, Introduction.

④ W.A. Shaw (Prepared), *Calendar of Treasury Books,* Vol. I, pp. xxxiv, Table E. W.A.肖的这一表格力图计算出1660—1667年国王的正常财政收入，但是，他没有在总额中减去1349760镑6先令2便士的"国王补助"收入，因而，出入超过100万镑。

算，也出现错误。① 其二，W.A.肖所列表格的内容非常不完善，例如：有关复辟时期的收入与支出统计数据，除遗漏1667年复活节到1668年米迦勒节3个半年的收入数据外，尚缺17个半年收入数据和19个半年支出数据。而且直到1673年，W.A.肖所列的表格中从未出现通过"符木"获得的收入。因此，C.D.钱达曼评论说："一个令人遗憾，但是又实难回避的结论是，我们很难从肖的著作中获得哪怕是大体准确的收入数据。而且他那具有深远影响的对复辟时期财政税收史的分析，与其说是一个不言而喻的错误结论，倒不如说它缺乏坚实的分析基础。"② C.D.钱达曼对W.A.肖的评价确应引起我们的重视。但是，总览W.A.肖的巨著，不难发现C.D.钱达曼的评述有过于夸大之处，倒是极力反对W.A.肖的分析结论的D.奥格所作的评价十分中肯，他认为，W.A.肖的数据总体上极具说服力，驳斥这些数据是特别困难的事情。基于此，他在《查理二世统治时期的英国》③一书关于财政史的研究章节中，大量引用了W.A.肖的数据。

与W.A.肖大量运用官方档案资料不同，W.R.斯科特的《1702年以前的英格兰、苏格兰、爱尔兰股份公司的章程和财政》④一书，着意避免使用官方档案资料，转而大量运用民间档案材料，从一个特别的研究层面，以独特的方式勾勒了1702年以前的英国财政史。W.R.斯科特大量地运用民间档案资料的做法，虽然拓宽了研究资料的运用范围，但是，缺陷也极为明显。正如他自己所言，账目计算主要依赖时人报表的做法，虽然匠心独具，但是肯定不如W.A.肖的著作具有权威性。

哈维·E.菲斯克撰写的《1688年革命后的英国公共财政》⑤一书，主要研究了1688年"光荣革命"以后的英国财政史，但是，为厘清财政

---

① 举一例证。根据W.A.肖《国库卷档日志》第1卷第xxvii—xxxiv页的表格，可知，1660年1月至1667年3月的关税收入总额为2070558镑6先令5.5便士，年均关税收入应约为306749镑。而W.A.肖于本卷第xxxv页的计算结果，却为285181镑13先令2便士，差额近21568镑。参见W.A. Shaw (Prepared), *Calendar of Treasury Books*, Vol. I, pp. xxvii—xxxiv.

② C.D. Chandaman, *The English Public Revenue* 1660—88, p. 6.

③ D. Ogg, *England in the Reign of Charles II*, 2 vols, Oxford: The Clarendon Press, 1956.

④ W.R.Scott, *The Constitution and Finance of England, Scottish and Irish Joint—Stock Companies to 1720*, Vol. III, Cambridge: Cambridge University Press, 1912, p. 486.

⑤ H.E. Fisk, *English Public Finance from the Revolution of 1688*, New York: Banker Truster Company, 1920.

史的发展脉络，特别是各税种的源起，哈维·E.菲斯克也对革命前的财政史进行了研究，并辟专章研究了复辟时期的英国财政史。在对财政史的发展作了深入的纵向研究后，他指出："自伊丽莎白女王统治末年到革命时期（1603—1688年），英国历史的显著特征是，统治权从国王手中转移到议会手中。17世纪结束后，王室财政不复存在，我们转而称之为国家财政。"① 时至今日，我们仍然认为，哈维·E.菲斯克对英国财政性质演变的界定是非常有见地的。

与哈维·E.菲斯克着重研究税种的源起和沿革不同，W.肯尼迪的《1640—1799年的英国税收——政策和观念研究文集》② 关注的主要是税收观念，而不是税收本身。他的著作与哈维·E.菲斯克的著作相得益彰，各自从不同的研究维度，共同推动了对英国财政史的研究。

第二节 "二战"后的英国财政史研究

上面提及的S.道尔、W.A.肖、W.R.斯科特、哈维·E.菲斯克和W.肯尼迪的著作，都成书于"二战"之前，甚至更为久远的年代，因而，研究方法相对滞后，分析力度稍显不足。"二战"之后，特别是近几十年来，西方学术界涌现出了一大批研究英国财政史的贯通性、整体性专著与学术论文，这些著作无论是研究方法，还是学术研究深度，都取得了长足进展。具有代表性的论著主要有：C.D.钱达曼的《1660—1688年的英国财政收入》③、H.罗斯维尔的《1660—1760年财政革命》④、

---

① H.E. Fisk, *English Public Finance from the Revolution of 1688*, p. 79.

② W. Kennedy, *English Taxation 1640—1799: An Essay on Policy and Opinion*, London: G. Bell & Sons Ltd., 1913.

③ C.D. Chandaman, *The English Public Revenue 1660—88*.

④ H. Roseveare, *The Financial Revolution, 1660—1760*, London and New York: Longman, 1991.

M.J.布拉迪克的《国家的神经：英国的税收与财政，1558—1714年》①和《财政国家的崛起》②、E.J.休斯的《财政和管理研究：盐税史的考察，1558—1825年》③和R.道格拉斯的《1660年以后的英国税收》④。

C.D.钱达曼认为，要确定或充分了解财政收入的实际数额，就必须把财政收入置于整个财政体系的运作中去考察，绝不能把它们分离出来，因为财政收入是财政体系运作的结果，一旦分离，研究结论与事实将大相径庭。为此，需做到以下三点。首先，界定每一种税收的本质特征。其次，要研究不同税种的运作条件。1660—1668年的英国财政收入变动不居，这除与一些偶然性因素有关联外，主要与立法、管理和经济因素的变迁相关，因为这些因素通过影响纳税个体，进而影响国家财政收入。最后，也是最为重要的，要对几经变革的中世纪财政署进行细致的研究分析，以便充分了解财政署账目的特点和意义。⑤基于上述认识，C.D.钱达曼在对复辟时期的关税、消费税、炉灶税、直接税和各种细小琐碎收入，以及偶然性收入进行研究时，总是首先对税收的性质进行界定。然后，对税收的演化进行考察，而且在对税收演化进行考察时，综合考虑了对税收演化进程产生重要影响的立法、管理和经济等要素。最后才对复辟时期各税种的年收入进行整理、统计和计算。

H.罗斯维尔撰写《1660—1760年财政革命》一书的起因，是他对P.G.M.迪克森的财政革命起点观点持有不同看法。H.罗斯维尔指出，P.G.M.迪克森于1967年出版的《英国财政革命》一书，的确是研究18世纪英国财政体制的力作，其研究建立在对英格兰银行、国库、财政署和其他重要机构，以及诸如东印度公司等商业公司的档案资料的细致研究基础之上，因而其权威性不容置疑。但是，他关于财政革命起点的看法是值得商榷的。H.罗斯维尔认为，英国财政革命最早发生于复辟时期，

---

① M.J. Braddick, *The Nerves of the State: Taxation and the Financing of the English State, 1558—1714.*

② M.J. Braddick, "The Rise of the Fiscal State", In B. Coward (ed.), *A Companion to Stuart Britain*, Oxford: Blackwell Publishers Ltd., 2003.

③ E.J. Hughes, *Studies in Administration and Finance, 1558—1825: With Special Reference to the History of Salt Taxation,* Manchester: Manchester University Press, 1934.

④ R. Dougles, *Taxation in Britain since 1660*, London: Macmillan Press Ltd., 1999.

⑤ C.D. Chandaman, *The English Public Revenue 1660—88,* pp. 6—7.

理由有三：其一，未来议会财政控制的基石，即议会对收入、支出和借贷的审查原则，确立于复辟时期，财政权也在此时开始向下院转移。其二，行政管理机构在复辟时期发生了巨大变革，国库开始作为一个独立的国家机构运作，并且取得了显要的地位，有时，它甚至可以对其他权势显赫的国家部门发出指令。其三，复辟时期，私人经济部门获得了成长，这不仅增加了英国的财富，增加了储蓄，它们的运作模式还对财政运作体制的完善产生了重要影响。为了论证自己的观点，H.罗斯维尔按时段顺序，从革命的推动力（尤其是战争）、信用要素、私人部门的成长等诸多方面，对1660—1760年的英国财政史进行了考察分析。最后，H.罗斯维尔指出，奠定财政革命基石的是1666年的乔治·唐宁爵士改革；1690年代，财政革命取得了更为卓越的成就。及至18世纪时，财政革命的巨大成就，已经远远超出了乔治·唐宁爵士最初对革命成就的估计。

M.J.布拉迪克的专著《国家的神经：英国的税收与财政，1558—1714年》和论文《财政国家的崛起》，主要着眼于财政收入中议会税收收入所占比重的变化，并从变化中探讨了财政性质的转变。M.J.布拉迪克指出，1640年代以前，国王在财政上所做的一切精心安排，都是为了解决财政支出，特别是军事支出的需要。然而，1640年代的政治危机使国王的一切努力化为泡影，随之而来的战争需求，则创立了一种新的收入模式。内战以前，有3/4的财政收入在议会的控制之外，并且这个比例还在不断增加。但是，内战之后，只有约10%的财政收入不在议会的掌握之中，1690年代，这一比例进一步缩减到3%左右。[①]与这一变化同步，财政收入的总额也在不断增长，据目前最恰当的估计，1640年代财政收入的增长率，约是国民财富增长率的两倍。[②]上述双重变化，对英国的发展具有持久性影响，英国军事力量的崛起和帝国权力的成长，都建立在这一财政变化的基础之上。

E.J.休斯对英国财政史的研究，源于乔治·尤文教授建议他写的关

---

① M.J. Braddick, *The Nerves of the State: Taxation and the Financing of the English State, 1558—1714*, pp. 11—13.

② M.J. Braddick, "The Rise of the Fiscal State", p. 69.

于伊丽莎白一世统治时期盐税特许状的论文。但是，随着研究的深入，E.J.休斯后来把研究的视野转向了17—18世纪的税收和税收管理，最终写成了《财政和管理研究：盐税史的考察，1558—1825年》一书。E.J.休斯指出，斯图亚特王朝早期，课征盐税主要是因为财政的需求，但是，这时的盐税不是以消费税的形式课征的。盐税作为消费税课征，开始于护国政府时期，并实行包税制，由马丁·诺尔承包。1694年后，盐税包税制废除，实行委员会管理。起先委员会对议会负责，后转而向国库负责。18世纪，由于物价上涨等原因，盐税日益遭到人们的唾弃，1825年后停止课征。需要特别指出的是，E.J.休斯对盐税的研究，并不局限于盐税本身，而是通过对盐税及其管理的研究，对17世纪和18世纪的政治与经济历史进行考察。

与许多著作不同，R.道格拉斯的《1660年以后的英国税收》较为系统地把税收学、财政学的理论，运用到了财政史的研究中，从一个新颖的层面，探讨了各个时期的税收结构，各个税种的优缺点，不同时期的民众对不同税种或对同一税种的态度，以及税收与王权、与政府、与战争、与财政管理之间的关系。R.道格拉斯在最后的概述中指出，税收的公正与否，是决定税收生命力的关键所在。那种认为税收是利益集团的利益之争，或者是政见不同的政客们政治斗争结果的观点，是不符合历史事实的。凡是悍然不顾民众利益而征税的政客，最终都将自食其果。查理一世、乔治·格伦维尔、尼古拉斯·范西塔特、玛格丽特·撒切尔，就是不同时代亲尝这一恶果的政客。[①]

在上述这些具有代表性的论著之外，还必须要提及其他一些相当富有研究深度的论著。P.K.奥布赖恩的《英国税收政治经济学，1660—1815年》一文，探讨了税负不断增长、课税量不断增加与一系列"重商主义战争"之间的关系，同时还对税收最主要负担者的阶层归属问题进行了探究。[②]他的另一篇论文《英国财政国家的崛起，1485—1815年》则主要考察了英国财政国家的崛起与国家的内部开支、对外战争军费开

[①] R. Douglas, *Taxation in Britain since 1660*, p. 156.

[②] P.K.O'Brien, "The Political Economy of British Taxation, 1660—1815", *The Economic History Review*, 2nd, Vol. XLI, 1988.

支之间的关系。①E.L.彼得森的论文《从领地国家到税收国家》，综述和诠释了从领地国家向税收国家过渡的有关理论问题。②B.E.V.萨拜因的《税收简史》，虽然极其简短，但却有一章专门研究了过渡时期的英国财政。他指出，17世纪既是政治革命的世纪，也是财政革命的世纪。17世纪开始时，国王还有他自己的特权收入和封建收入，直接税仍然是一种非正常收入。到1688年，"国王自己的收入"逐渐消失，财政收入开始以月税及类似月税的直接税和关税、消费税等间接税为主。财政收入构成变化具有深远的历史意义。③此外，尤其值得一提的是C.韦伯和A.沃尔德夫斯基的《西方收支史》。④尽管C.韦伯和A.沃尔德夫斯基没有专门研究这一时段的英国财政史，而是通过"贫穷的民众，富有的国王：欧洲现代早期的收入与支出"一章，进行了宽泛的考察，但是，他们既研究收入，又研究支出，并且将二者并重的做法，对我们研究英国财政史有着重要的指导意义。

与总体性、贯通性研究相比，专题性研究（这里的专题性研究既包括专题性的专著和论文，也包括其他著作中的研究专题）取得的成果更为丰硕，学者们各自从特定层面对英国财政史进行了深入探究。

在英国财政史研究中，王权财政拮据的原因，一直是学术界关注的热点之一。虽然学术界一般都认为英国国王在财政上总是捉襟见肘、入不敷出，特别是总难以满足对外战争的财政急需，但是对造成王权财政窘境的原因，看法却并不一致，相互争论不休。17世纪末，在对这一原因的认识上，有两种截然不同的观点。国王的支持者和辩护者们认为，国王财政窘迫的根源是议会拨款不足；而反对者们则认为，造成查理二世财政拮据的原因是他挥霍无度，过于奢侈。两派之间论战不止。18世纪上半期，继承王之反对者观点的辉格派史家，与继承王之支持者和辩

---

① P.K.O'Brien & P.A. Hurt, "The Rise of a Fiscal State in England: 1485—1815", *Historical Research*, Vol. LXVI, 1993.

② E.L. Petersen, "From Domain State to Tax State: Synthesis and Interpretation", *Scandinavian Economic History Review*, Vol. XXIII, 1975.

③ B.E.V. Sabine, *A Short History of Taxation*, London: George Allen & Unwin Ltd., 1966.

④ C. Webber & A. Wildavsky, *A History of Taxation and Expenditure in Western World*, New York: Simon and Schuster, 1986.

护者观点的托利派史家，展开了论争。以肯尼特、奥格梅克森和拉夫尔为代表的辉格派史家，在与以埃卡德和诺斯为代表的史家的论战中，取得了一些胜利，辉格派观点大有风靡学术界的趋向。但是，1756年以后，随着大卫·休谟[①]的名著《英国史》的问世，这一趋向得以改变，托利派的观点开始在学术界获得主导地位。其实，早在1742—1743年的"局外人"大讨论中，当卡特令人信服地驳斥了莫里斯的观点后，趋向的改变已初露端倪。不过，半个多世纪后，在哈勒姆对托利派的观点进行了激烈的批判后，托利派在学术界的地位开始沉沦。最终，19世纪中期，在辉格派史学家麦考莱的名著《英国史》出版后，辉格派的观点取代了托利派的观点，在学术界获得了统治地位。[②]

辉格派和托利派史家的论争，及"局外人"史学家的参与，共同推动了对造成英国王权财政拮据原因研究的深入。但是，他们的研究却因为不能接触和使用官方档案资料，而必然存在巨大缺陷，这一状况一直持续到W.A.肖主编的《国库卷档日志》的出版。《国库卷档日志》是第一部大量使用官方档案资料，对英国王权财政状况进行系统研究的著作。W.A.肖在对国王的正常收入、议会拨款收入、各种支出进行分类计算后指出，查理一世把国王正常收入的一部分，用于了对外战争费用的支付，而对外战争费用本应该完全由议会拨款支付。[③]言下之意，造成

---

① 学术界对大卫·休谟的历史观有不同看法。以大卫·米勒为代表的学者认为，休谟是一个保守主义者，在历史观上属于托利主义。参见D. Miller, *Philosophy and Ideology in Hume's Political Philosophy*, Oxford: The Clarendon Press, 1981. 国内一些学者也认为，"休谟关于内战成因的观点是建立在他的权威论的基础之上的"，他还"赞成查理的专制思想和倾向"，因此，休谟实际上"是站在托利党的立场上进行历史写作的"。参见刘淑青《论英国革命成因研究的史学演变》，《安徽史学》2006年第5期。而J.B.斯图尔特等学者却认为，休谟是一个科学的辉格党人，是一位辉格主义史学家。参见J.B. Stewart, *Opinion and Reform in Hume's Political Philosophy*, Princeton: Princeton University Press, 1992. 事实上，大卫·休谟既不是托利主义者，也不是辉格党人，无论是其用于解释英国革命的"权威论"，还是他对与人们的反抗"自由"、"宪制"、"合法"密切联系在一起的专制的赞成，都源于对英国历史传统和现实的客观分析，不带有任何党派历史观色彩，所坚持的是中立主义的历史观。具体论述可参见笔者的《大卫·休谟的中立主义历史观——基于英国革命的商榷性解释》（《贵州社会科学》2011年第10期）一文。

② C.D. Chandaman, *The English Public Revenue 1660—88*, pp. 3—4.

③ W.A. Shaw (Prepared), *Calendar of Treasury Books*, Vol. I, Introduction.

王权财政窘境的原因，是议会拨款不足。因此，W.A.肖的研究很大程度上佐证了托利派史家的观点。

W.A.肖以后，学者们对这一问题的研究，大多采取了不同时期区别对待的研究方法。C.希尔在《革命的世纪，1603—1714年》一书有关英国财政的研究中指出，1660年，议会决定每年给国王拨款120万镑，用于支付国王的日常开支，拨款主要来自关税和消费税收入。但是，由于17世纪60年代的经济和贸易萧条，国王实际上得到的拨款远低于这一数额，每年约短缺25万镑。然而，1673年以后，随着经济、商业和贸易的繁荣，查理二世的年收入达到并进而超过了120万镑。詹姆斯二世统治时期，年均收入更上一层楼，超过了200万镑。因此，詹姆斯二世对法国补助金的依赖较小，常年维持的军队数量，也是其兄查理二世统治时期的4倍。[①]D.奥格的分析方法与C.希尔大体一致，得出的结论也非常相似。他指出，酒类和布类的补助金与其他进口关税，共同构成了复辟时期国王的世袭性收入，它们的年收入估计约为40万镑。查理二世统治时期前4年，这些世袭性收入不足30万镑，两次对荷战争期间，又有所下降，但是1674年以后，这些世袭性收入日益稳步增长，在50万—60万镑之间浮动。与世袭性收入增长同步，消费税收入也迅速增长。收入的增长是查理二世统治后期以及詹姆斯二世统治时期国王不再依赖议会拨款的原因之所在。[②]C.希尔和D.奥格的研究表明，国王的财政困难主要发生在17世纪60年代和70年代初期，主要原因是以关税和消费税为主体的议会拨款征敛不足。70年代中期之后，国王财政状况有了较大改善，入不敷出的困境得以缓解。

关税是财政收入的重要组成部分，因此，学者们对关税问题较为重视。H.霍尔的《英国关税收入史——自远古至1827年》[③]、H.阿顿和H.H.霍兰的《国王的关税：自远古至1800年的英格兰、苏格兰和爱尔兰

---

① C. Hill, *The Century of Revolution, 1603—1714,* Surrey: Thomas Nelon & Sons Limited, 1980, pp. 186—188.

② D. Ogg, *England in the Reign of Charles II*, Vol. II, pp. 421—422.

③ H. Hall, *A History of the Custom—Revenue in England: From the Earliest Times to the Year 1827,* 2 vols, London: Elliot Stock, 1885.

的海运收入与走私账目》①、E.E.胡恩的《英国关税体系组织机构》②、N.S.B.格拉斯的力作《早期英国关税体制》③，都是研究英国关税史的名著。然而，令人遗憾的是，前三部著作都没有对关税性质的变化作专门研究，而后一部著作主要关注的则是16世纪以前的英国关税体制，没有涉及关税体制在现代早期以后的发展与历史演变进程。因此，E.卡森的《古老而正义的关税》④和W.D.切斯特的《海关编年史》⑤便凸显了它们的研究价值。E.卡森的著作简要地概括了伦敦港关税局人员的工作日程，1671年关税包税制废除后关税委员会的人员构成状况与薪给，国库和关税委员会的关系等。W.D.切斯特的《海关编年史》主要考察了海关官员的任命程序，关税税目表构成，关税包税制和关税税收委员会的沿革。尤其值得称道的是，W.D.切斯特通过对有关档案资料的研究，对关税税收委员会的成立时间作了修正。他指出，1881年公共档案局报告提到了1661年6月28日的枢密院指令，这一指令批准并确认了国王的关税委员会和国王在多佛的代理人之间，所达成的关于多佛港口、多佛大道和英格兰东南部两大高地间的贸易协定。因此，关税委员会早在1661年6月28日以前就已经存在。⑥然而，尽管E.卡森和W.D.切斯特的著作对英国关税史的研究见解独到，但是，毋庸讳言，他们乃至整个西方学术界，有关英国关税的通史性专题研究尚不够深入。

与关税研究相比，学术界对议会税收的研究相对深入得多。J.V.贝克斯的《土地税或消费税：17和18世纪的税收课征》⑦从课税税源的角

① H. Atton & H.H. Holland, *The King's Customs: An Account of Maritime Revenue & Contraband Traffic in England, Scotland, and Ireland, from the Earliest Times to the Year 1800*, London: Murray, 1908.

② E.E. Hoon, *The Organization of the English Customs System, 1696—1786*, Newton Abbot: George Allen & Unwin Ltd., 1966.

③ N.S.B. Gras, *The Early English Custom System*, London: Oxford University Press, 1918.

④ E. Carson, *The Ancient and the Rightful Customs*, London: Faber & Faber Limited, 1966.

⑤ W.D. Chester, *Chronicles of the Customs Department*, London: R. Clan, Sons and Taylok, 1885.

⑥ W.D. Chester, *Chronicles of the Customs Department*, p. 15. W.D.切斯特引证的是1881年公共档案局报告，第607页，附件1。

⑦ J.V. Becketh, "Land Tax or Excise: The Levying of Taxation in Seventeenth and Eighteenth Century", *The English Historical Review*, April, 1985.

度着手，对17和18世纪的土地税、消费税进行了研讨，并对学术界的正统观点进行了强有力的批判。J.V.贝克斯指出，18世纪以来，史学家们一直认为，1692年是英国财政收入史上的转折点，因为是年通过的给予威廉三世和玛丽二世为期一年之"补助"（Aids）的议会法案，标志着18世纪时成为常税的土地税的诞生。1868—1869年议会关于财政收入的报告和S.道尔的名著《英国税收和税制史》，也都把1692年作为英国财政收入史上的分界点。但是，实际上，1692年议会法案对动产和不动产收入及职位收入课税的构想，根本算不上什么革新。因为，13世纪的十五分之一和十分之一税，都铎王朝的补助金，以及17世纪的月税，早已以此为税源课税。所有这些课税形式，究其实质，都是对所得课税。然而，对所得的课税并不太成功，原因是估税困难，而且国王还可以从其他税种，特别是从消费税的课征中，征敛到足够的费用，这是对所得课税不太成功的根本原因。至此，J.V.贝克斯转入了对消费税①的考察。考察内容有三：一是消费税的课征对象；二是消费税在财政收入中所占的比例及变化情况；三是国王及其政府和议会对消费税的不同态度。

M.杰克沃维斯基等编撰的《英格兰和威尔士的世俗税，1188—1688年》，既是一部专著，也是一部档案资料集。②它主要以议会档案、手稿、报告等档案资料为基础，研究了这一时期以议会税收为主的"宽泛的世俗补助金"。M.杰克沃维斯基等编撰的这部著作是研究英国议会税收不可或缺的重要参考资料。

---

① J.V.贝克斯指出，1643年时，消费税主要对麦酒、啤酒、苹果酒和梨子酒课征；1643年9月，课征范围扩大到了肥皂、衣服和烈酒。1644年，又扩大到了肉、盐等生活必需品。1645年，课征范围再次扩大，帽子、淀粉和铜亦列入课征之列。共和国时期，消费税的课征对象有所改变，主要是对出售的啤酒、肉和肥皂课税，烈酒和铁、铝制成的奢侈品也划入了课征范围。王权复辟时期，主要是对酒类课征消费税。1670年代，还曾经对酒类课征临时性的额外消费税。自1685年起，对进口白兰地和家庭自蒸烈酒课征为期5年的额外消费税。复辟时期，消费税在财政总收入中所占比例不断增长。1660—1665年，消费税收入与财政总收入的比例为17%，1666—1670年为17.7%，1671—1675年为25.2%，1676—1680年为31.7%，1681—1688年为35.7%。国王及其政府虽然明知课征消费税的政治影响非常消极，但是，同时又认为，对个体课征消费税是可行的，加之消费税可以带来巨额财政收入，因而，总意欲课征消费税。然而，议会因为担心消费税继续课征则很难中止，因此极力反对消费税的课征。

② M. Jurkowiski, C.I. Smith & D. Crook, *Lay Taxes in England and Wales*, 1188—1688, London: PRO Publications, 1998.

J.吉布森和K.舒尔厄的著作分别从不同层面，对炉灶税进行了研究。J.吉布森编撰的《炉灶税、斯图亚特王朝晚期的其他税收清册和团体宣誓卷档》[①]对英格兰和威尔士各郡的炉灶税缴纳状况进行了细致的统计与整理，为研究炉灶税，特别是复辟时期的炉灶税，提供了翔实的资料基础。K.舒尔厄主持撰写的《人口调查》[②]，则借助人口统计学的方法和资料，从人口统计的层面，对炉灶税进行了研究。

与J.V.贝克斯、M.杰克沃维斯基、J.吉布森和K.舒尔厄等人的研究相比，M.J.布拉迪克的《17世纪的英国议会税收》是一部全面系统地研究17世纪英国议会税收的专著。该书对十五分之一和十分之一税、补助金、月税、消费税、人头税、炉灶税等各种议会税收都有深入研究。[③] M.J.布拉迪克的这一著作分为两大部分。前两章为第一部分，主要研究了17世纪的财政管理机构和税收课征情况，并且从中央政府和地方政府关系的角度着手，探讨了造成税收课征困难的原因所在。后三章为第二部分，主要研究了1640年内战以后税收课征方法上的变化，地方对税收的反应，地方反应对税收管理机构发展的影响等。

财政管理机构的研究是英国财政史研究的另一个热点，一直备受学术界关注。S.B.巴克斯特的《国库的演进，1660—1702》一书，在对国库的人员构成，国库大臣或国库委员会的地位变化和权力增长，国库与枢密院、与国王、与上下财政署的关系进行详细考察后指出，1660年至1702年间，国库的确取得了长足发展，但是，"这种发展是管理意义上的，而不是宪政意义上的"[④]。

与S.B.巴克斯特的看法不同，H.罗斯维尔的《国库：控制的基石，1660—1870年》一书则认为，1660年代，特别是在1667年新型国库委员会建立以后，国库成为一个独立的国家部门，并且通过一系列的改革，

---

① J. Gibson, *The Hearth Tax, other Later Stuart Tax Lists and the Association Oath Rolls,* Birmingham: Federation of Family History Societies, 1985.

② K. Schurer, *Surveying the People,* Oxford: Leopard's Head Press Limited, 1992.

③ M.J. Braddick, *Parliamentary Taxation in Seventeenth Century England: Local Administration and Response,* Suffolk: the Boydell Press, 1994.

④ S.B. Baxter, *The Development of the Treasury, 1660—1702,* London · New York · Toronto: Longmans, Green and Co, 1957, p. 259.

获得了一些新的权威，自此之后，国库的权威再也没有衰落过。[①]因此，这一时期，国库的发展不仅是管理意义上的，而且还是政治意义和宪政意义上的。在这部著作中，H.罗斯维尔主要研究了国库完善其财政控制权的历程，以及国库与议会、与现代财政部的关系。

T.L.希思的论点与H.罗斯维尔的观点大体相同。他的《国库》一书对复辟时期的国库，特别是对1667年国库委员会和乔治·唐宁爵士的改革，作了深入细致的研究。[②]他指出，乔治·唐宁爵士和1667年的国库委员会向议会阐述国王的财政要求，并获得了议会的支持。尽管乔治·唐宁遭到了克拉伦敦伯爵的极力反对，但是他还是成功地说服国王查理二世，接受了1665年的议会专款专用法案，从而让国王获得了125万镑的对荷战争拨款。虽然专款专用的实践在整个复辟时期仅此一次，但是无论是在宪政上，还是在实践上，都具有极其重要的意义，因为它预示了后来的现代财政部和议会间关系的确立。

D.M.吉尔是另一位研究财政管理机构的著名学者，他的《1660—1714年的国库》一文，概述了国库的四个历史发展阶段。[③]D.M.吉尔指出，查理二世统治早期，国库的控制权掌握在枢密院手中，这时的国库大臣之所以具有很大权势，不是因为他是国库的首脑，而是因为他是枢密院的权力重臣之一。查理二世统治后期及詹姆斯二世统治时期，国库取得了相对独立的地位，权势逐渐上升。威廉三世统治时，由于国王事必躬亲，国库处于国王的严格控制之下。但是，与此同时，国库也借助国王的权威，获得了超越其他部门的权势。威廉三世死后，人亡政息，国库因安妮女王的疏于控制而权力日盛，国库大臣取得了内阁的领导地位。此外，《1660—1714年的国库》一文，还对复辟时期没有出现财政预算的原因作了探讨。

---

① H. Roseveare, *The Treasury, 1660—1870: The Foundations of Control*, London: George Allen & Unwin Ltd., 1973. H.罗斯维尔之所以说1667年的国库委员会是"新型的国库委员会"，主要原因是在新任命的国库委员会成员中，威廉·考文垂、托马斯·克利福德和约翰·邓库姆等人，均为非贵族出身的"粗俗之人"，他们掌握着国库委员会的实权，逐渐摆脱了枢密院的控制，直接对国王负责，建立了自己的卷档制度，并初步确立了新型的国库和议会关系。

② T. L. Heath, *The Treasury*, London and New York: G.P.Putnam's Sons Ltd., 1927.

③ D.M. Gill, "The Treasury, 1660—1714", *The English Historical Review*, Vol. XLVI, October, 1931.

H.汤姆林森的论文《1660—1688年英国财政和管理的演进》致力于王权复辟时期财政与管理的研究。①H.汤姆林森指出，1660—1688年，财政管理在三个方面发生了重大变革。一是现代国库的创立；二是国库对主要收入源直接控制的加强；三是采用了新的信用手段，新的信用手段的采用，为威廉三世统治时期金融革命的发生奠定了基础。在所有变革之中，1667年5月16日南安普敦公爵死后，权势显赫的国库委员会的建立最为重要。主要由专业管理人才，而不是由贵族组成的1667年国库委员会，逐渐摆脱了枢密院的控制，开始直接对国王负责，并且建立了自己的卷档制度。因此，1667年国库委员会的建立是国库发展史上的里程碑。

这里，还必须提及G.E.艾尔默的《国王的侍仆：查理二世时期的政府与文职人员，1660—1685年》②和J.C.赛内特的《1660—1870年的国库官员》③。G.E.艾尔默在对国王政府官员有关情况进行总体考察时，对国库、财政署、关税和消费税委员会等收入支出管理机构，进行了较为细致的研究。J.C.赛内特则致力于资料的搜集和整理，但是从其著作中可以清晰地了解到国库官员的构成、职位等级、任期和薪给等情况，该书是研究1660—1870年英国财政管理历史不可多得的重要参考资料。

在具体财政管理问题上，1672年的"财政署止付"是学者们讨论的热点。A.布朗宁的论文《财政署止付》，重点探讨了财政署止付的原因。④他认为，财政署止付的原因主要有三：一是国王要兑现《多佛密约》对法战争的承诺，因而对财政的需求加剧。二是议会拨款的不足，国王财政处境窘迫。王权复辟后，内战和共和国时期的债务，本应由议会拨款清偿，但是查理一世的债务和查理二世流亡期间举借之债，议会从未拨款偿还。三是银行家的金融行为招致了普遍反对，最终自食其果。士绅们认为，由于银行家大量储存货币，导致了土地价格的下跌和

---

① H. Tomlinson, "Financial and Administrative Developments in England, 1660—88", In Jones, J.R.(ed.), *The Restored Monarchy, 1660—1688*, New Jersey: Rowman and Littlefield, 1979.

② G.E. Aylmer, *The Crown's Servants: Government and Civil Service under Charles II, 1660—1685,* Oxford: Oxford University Press, 2002.

③ J.C. Sainty, *Treasury Officials, 1660—1870*, London: the Athlon Press, 1972.

④ A. Browning, "The Stop of the Exchequer", *History,* N.S.14, Vol. XIV, 1929—1930.

地租的减少。普通民众认为，他们经常遭到高利贷的盘剥。议会则认为，银行家的高利放贷是一种罪恶行径。当然，更主要的是，由于国王借款数额巨大，支付本金和利息非常困难，不得已而采取了财政署止付措施。J.K.霍斯菲尔德的《再论财政署止付》一文，则主要讨论了财政署止付对财政署债券持有者，特别是对银行家的影响。①J.K.霍斯菲尔德指出，财政署止付最明显的后果是股份银行的诞生至少被推迟了10—15年。此外，R.D.理查兹的《英国早期银行业》第三章"金匠银行家与财政署之交易"，也对银行家和财政署止付的关系进行了探究。②

除上述之外，学术界还从特定维度对英国财政史进行了研究。例如：E.B.熊彼特的《英国的物价和财政，1660—1832年》一文，考察了英国物价的情况，并研究了物价与财政的关系。③E.L.哈格里夫斯的《国债》一书，就以议会税收为担保的财政借款与国债起源的关系作了探究，认为国债起源于以议会税收为担保的财政借款实践。此外，该书还对偿债基金的政治和财政意义作了研究。④W.A.肖则从分析国王的财政困境入手，通过对国王与银行家借贷关系的考究，探讨了国债的起源原因与起源时间，认为财政署止付前国债已经存在。⑤C.克莱的研究可谓视角独特，他通过对斯蒂芬·福克斯生平活动的考察，研究了这一时期的英国财政史。⑥C.L.格罗斯的论文《路易十四和查理二世的财政关系与英国议会》，主要考察了查理二世与路易十四的财政关系。C.L.格罗斯指出，查理二世得自法国的补助金，远没有想象的那样多，但是在无议会拨款时，法国的补助金却有助于国王弥补其财政的不足。英国的大臣

---

① J.K. Horsefield, "The 'Stop of Exchequer Revisited'", *The Economic History Review*, 2nd, Vol. XXXV, 1982.

② R.D. Richards, *The Early History of Banking in England*, Westminster: P.S. King & Staples Limited, 1929.

③ E.B. Schumpeter, "English Price and Public Finance, 1660—1832", *The Review of Economic Statistics*, Vol. XX, 1938.

④ E.L. Hargreaves, *The National Debt*, London: Edward Arnold Co., 1930.

⑤ W.A. Shaw, "The Beginning of the National Debt", In T.F. Tout (ed.), *Historical Essays*, Manchester: Manchester University Press, 1907.

⑥ C. Clay, *Public Finance and Private Wealth: The Career of Sir Stephen Fox, 1627—1716*, Oxford: The Clarendon Press, 1978.

们对法国的补助金并不太关注，很少讨论与之有关的事宜，也很少主动恳请法国提供补助金。查理二世虽然得到了法国的补助金援助，但他并未因此受法国的操纵。①

与西方学术界相比，国内学术界关于英国财政史的研究相对较为薄弱，除施诚教授对中世纪的英国财政史作过系统的梳理，②顾銮斋教授从中西比较的角度对中世纪英国财政税收史进行过研究外，③有关英国财政史的研究成果并不多见。其中，对1485年至19世纪后期的英国财政史研究的论著，更是寥若晨星，除为数有限的几篇研究论文外，只能从几本政治制度史中寻找到只言片语，迄今还无专著问世，相关研究亟待加强。

第三节　英国财政史研究现状分析

综观中西学术界，特别是西方学术界有关英国财政史的研究，不难发现，整体性、贯通性研究不乏力作，专题性研究和资料整理也极见功力，这都为研究的进一步深入奠定了良好的资料和方法基础。但是，从另一方面看，相关研究仍存在着一些需要改进或继续深入之处。

首先，有关财政支出的研究有待加强。从某种意义上说，是财政支出的需要决定了财政收入的构成和数量，而不是相反。然而，除了W.A.肖的《国库卷档日志》外，着重研究财政支出的专著和论文却并

---

① C.L. Grose, "Louis XIV's Financial Relations with Charles II and the English Parliament", *The Journal of Modern History*, Vol. I, N. 2, June, 1929.

② 施诚：《中世纪英国财政史研究》，商务印书馆2010年版。

③ 例如：《比较史学视野中的"赋税基本理论"》，《华东师范大学学报》2007年第1期；《中西中古赋税理论中的一些概念及其界定》，《华东师范大学学报》2007年第1期；《从比较中探寻中国中古社会赋税基本理论》，《史学理论研究》2005年第4期；《由所有权形态看中英中古赋税基本理论的差异》，《文史哲》2005年第5期；《中西中古社会赋税结构演变的比较研究》，《世界历史》2003年第4期等。

不多见，而且即使是W.A.肖的《国库卷档日志》，也没有把收入和支出等量齐观，收入仍然是研究的重点。C.韦伯和A.沃尔德夫斯基的《西方收支史》，虽然将二者等而视之，却又未对英国的财政支出进行专题研究。因此，尚需要对有关财政支出的史料作认真细致的梳理，唯此方能一窥此期财政史的全貌。

其次，必须把税收学、财政学、国债学，甚至是经济学的相关理论引入财政史的研究之中。史学界有关财政史的研究，多单纯从"史"的角度入手，而忽视了财政史的特殊性，即它是史学和财政学、税收学、国债学的交叉学科。财政税收学理论知识的相对缺失，致使某些学者在财政史研究中概念误用频仍。如有的西方学者经常使用"Public Finance"一词。"Public Finance"即汉语中的"公共财政"或"财政"，是一个现代财政学术语，其内容不仅仅包括政府的收支及管理，更主要的是讨论政府如何运用财政手段，特别是运用财政政策来调节经济。用"Public Finance"来界定英国现代早期的财政性质，显然为时过早，远不如"Crown Finance"一词更为贴合实际。另外，财政史研究中对税收学、财政学，甚至是经济学有关理论引入的忽视，必然会导致对税收结构缺乏关注。一些学者注重各税种的演进史，而忽视税收结构内部各税种间关系的研究即是明证。

最后，对某一时期财政体制性质和地位的界定，应该纳入整个英国财政史的大环境中考察。比如复辟时期，笔者认为，这是一个新旧交替的时期，这时期的财政体制，必然既体现着旧有的"王室财政"体制的特征，也孕育着并产生了新的议会财政体制的特征，呈现出明显的过渡性。要对复辟时期财政体制的过渡性特征进行考察，就必须既要注重复辟时期与革命时期或更早时期间的联系，又要注意复辟时期与1688年"光荣革命"后较长时段的联系。西方学术界的研究大多注重后者，而忽视前者，因而，对复辟时期财政体制性质和地位的界定失之偏颇。

第二章
财政体制性质的演变
——财政收入构成角度的分析

中世纪和现代早期，英国财政体制在性质上逐渐完成了从中世纪"王室财政"体制向现代议会财政体制的转变。对这一转变，西方学术界穷源溯流，论争不息，其中不少研究钩深致远，富有学术研究深度。概览之，主流学术观点主要有以下三种。

以G.R.埃尔顿为代表的学者主张"都铎政府革命"论学说。G.R.埃尔顿认为，1530—1542年，英国财政管理体制发生了革命性变化。1530年之前，财政控制在国王私人臣仆手中，而1542年以后，财政控制权却转入了国家财政管理机构之手。财政控制权转移的表现，是"新兴税收法庭的建立，以及私室权势日衰并最终沦落为几个平行的税收法庭中的一个"。①

艾伦.G.R.史密斯等学者则是"都铎政府革命"论的反对论者。艾伦.G.R.史密斯认为，"都铎政府革命"论，根本就不成立。他指出，G.R.埃尔顿没有把统治（制定和掌管政策）和管理（政策的执行机制）两个概念清晰地区分开来，而这种区分是极其重要的，它是研究的前提和基础。在对统治和管理作了界定之后，艾伦.G.R.史密斯进一步指出，无论是在政策的制定上，还是在政策的实施上，与以前相比，都铎时期都没有发生质的变化。一方面，终都铎一朝，政策的制定权一直控制在国王手中，只有到了19世纪，它才最终完全转移到国王的大臣们手里。另一方面，直到伊丽莎白一世统治末年，英国在管理上一直是混"王室管理"体制与"官僚管理"体制于一体的，而且现代管理的重要特征——统计学在管理上的广泛应用，都铎时期也根本没有出现。因而，1530年代也不可能发生管理上的变革。②

"财政国家"论（或曰"税收国家"论）是第三种学说。代表人

---

① G.R. Elton, *The Revolution in Tudor Government,* Cambridge: Cambridge University Press, 1953, p. 415.

② A.G.R. Smith, *The Government of Elizabethan England*, London: Edward Arnold, 1967, pp. 107—109.

物有J.A.熊彼特、M.J.布拉迪克、P.K.奥布赖恩等。"财政国家"论者认为，现代国家的形成与国家财政的变化相伴而生。现代国家形成的过程，实际上是一种由以国王的"领地收入"为核心的"领地收入"国家，向以议会批准的"税收收入"为核心的"财政国家"转变的过程。[1]基于这种共同认识，M.J.布拉迪克指出，研究英国财政体制性质的转变，必须着眼于财政收入中议会税收收入所占比重的变化。对财政收入中各种收入比重变化的原因，P.K.奥布赖恩和M.J.布拉迪克都归之为当时以重火器应用为标志的"军事革命"，认为是"军事革命"和战争急需创立了新的收入模式。[2]

综观上述三类研究，不难发现，前两类研究力图从政策制定和管理变革的角度，探究英国财政体制性质演变的历史发展进程，而后一类研究则试图阐释现代国家形成与国家财政体制变化间的关系。本章在前人研究的基础上，力图从财政收入构成变化的角度，对中世纪和现代早期英国财政体制性质的演变作些探讨。

第一节 中世纪和现代初期的 "王室财政" 体制

财政收入是一切财政体制赖以存在的基础，财政收入构成的变化也必然会对财政体制的性质产生重要影响。在从财政收入构成角度，对中世纪和现代早期的英国财政体制演变进行研究时，宜采用动态的分析方法，根据财政收入构成的变化，将整个演变过程划分为四个阶段。

整个中世纪和1642年内战爆发前的现代初期为第一阶段，这一阶

---

[1]　J.A. Schumpeter, "The Crisis of Tax State", *International Economic Papers*, Vol. IV, 1954, pp. 5—38.

[2]　参见M.J. Braddick, *The Nerves of the State: Taxation and the Financing of the English State, 1558—1714;* M.J. Braddick, "The Rise of the Fiscal State"; P.K. O'Brien & P.A. Hurt, "The Rise of a Fiscal State in England: 1485—1815"。

段的英国财政体制可以概括为"王室财政"体制。之所以如此概括，仅就财政收入构成角度而言，是因为"源自各种特定权力和国王个人特权"[①]的国王正常收入，在财政收入中占据绝对比例优势，而特别财政收入，即议会批准的直接税收入，在财政收入中仅占据较小份额。只要上述两个比例关系得不到改变，"王室财政"体制就不会失去其存在的财政收入构成基础，自然这一体制也就不会瓦解。

在这一阶段，国王的正常财政收入主要包括：王室领地收入、关税收入和封建特权收入。

王室领地收入是国王正常财政收入的重要组成部分。王室领地指没有分封给贵族而由国王自营的土地，有时，王室领地还包括根据封建法收回或没收的贵族土地。在整个中世纪和现代初期，英国王权总是力图通过各种方法增加王室领地的收入。例如：亨利七世通过恢复王室领地、剥夺叛乱贵族领地等方式，增加王室地产收入；伊丽莎白一世通过削减领地管理费用、延长王室领地承租年限或准许承袭承租领地等方式，增加领地收入。虽然增收措施有时会因为各种原因而并非特别有效，但是总的说来，在1642年内战爆发以前，王室领地收入一直是国王财政收入的重要组成部分。正如P.J.赫尔姆指出的那样，在1505年之后的一个世纪里，王室领地收入占国王正常收入的1/3左右。[②]具体情况参见表2-1。

表2-1　　　　　　　　1551—1640年王室领地年均收入估计

时　间	毛收入额
1551年	164490镑
1560年	115000镑
1572年	129000镑
1595—1599年	142066镑
1605年	145000镑

---

① M.J. Braddick, *The Nerves of the State: Taxation and the Financing of the English State, 1558—1714*, p. 12.

② P.J. Helm, *England under Yorkists and Tudors, 1471—1603*, New York: Humanities Press, 1968, p. 22.

续表

时　间	毛收入额
1621年	115362镑
1630—1635年	127960镑
1640年	123194镑

资料来源：R.W. Hoyle, "Introduction: Aspects of the Crown Estate", In R.W. Hoyle (ed.), *The Estate of the English Crown, 1558—1640,* Cambridge: Cambridge University Press, 1992, pp. 10—11.

　　关税收入是国王正常财政收入的另一重要组成部分。之所以把关税收入归入国王正常财政收入之列，主要是因为，在1642年以前，关税与其说是一种"税"，倒不如说它是国王的一种特权收入。这可以从关税的三大主要组成部分——固有的或古老的关税、羊毛等的补助金及桶税和镑税①、关税附加税的源起和课征批准权的确立中找到有力的佐证。

---

　　① 国内学者多把"桶税和镑税"翻译成"吨税和镑税"，以前笔者也从这一译法。但这是一种误译，在理解上存在错误。"桶税"（tunnage）的原型是1302年和1303年前后课征的"新的输入酒税"，即后来的"王室管家酒税"，以"桶"为课税的计算单位；"镑税"（poundage）主要是对布类、牲畜、谷物和其他一些商品课征的从价关税，并不以重量单位"磅"确定其税率。N.S.B.格拉斯在论述1302年的关税和1303年的《商人宪章》时指出，新的输入酒税，即后来的"王室管家酒税"，税率为每大桶2先令，这即是后来著名的"桶税"的原型。对上好的布料、牲畜、谷物和其他各类商品的课税，按价值每1镑课税3便士。这是后来"镑税"补助金的原型。参见N.S.B.Gras, *The Early English Customs System*, p. 66. S.道尔在论及1302年的关税时指出，每一大桶酒在运抵英国40日之内必须缴纳2先令，这一税收曰"王室管家酒税"；对羊毛和其他商品的追加关税，即每袋羊毛和300张羊毛皮，分别课征1/4马克的追加关税；每200张（英文原文为last。last等于twenty dickers，dicker的意思是10张，因此last等于200张）皮革课征半马克的追加关税；彻底漂染的猩红布2先令的追加关税，每公担蜡1先令的追加关税；其他的进出口货物和商品按其价值每镑课征3便士，这里确定商品和货物价值的根据，是当事人或合伙人出具的有关这些商品或货物的价值证明书。如果没有此类证明，则按照商人对货物价值的宣誓课征。在论及1353年的《重要商品法》时，S.道尔又指出，1328年，爱德华三世又强化了对酒和商品的新关税的课征，1353年，这些关税的课征由《重要商品法》合法确立下来。这就是如下关税的起源：对羊毛、毛皮和皮革课征的古关税或大关税；由外国商人支付的新关税或小关税；输入酒税；由外国商人缴纳的王室管家酒税或桶税；由外国商人缴纳的对一些商品课征的镑税。参见S. Dowell, *A History of Taxation and Taxes in England*, Vol. I, pp. 84—88. H.阿顿在述及"桶税和镑税"时指出，所有的进口酒的税率为每桶2先令。除酒、鲜鱼和进口的"兽皮"，以及出口的羊毛、毛皮和皮革外，其他所有的货物按每1镑缴纳6便士的税率课税。参见H. Atton & H.H. Holland, *The King's Customs*, p. 23。可见，作为课税计算单位的是"桶"和"镑"，而不是"吨"和"磅"。另外，还需要说明的是，实际上，"磅"不仅是一个重量单位，而且还曾经是一个货币单位。"英镑"是1971年前英国曾经用过的货币单位，1英镑等于20先令，合240便士。在这里"磅"并不是重量单位，而是货币单位。为避免把作为货币单位的"镑"和作为重量单位的"磅"混淆，产生歧义，因而，本书统一译为"镑税"，这样，可明白无误地说明，该税是根据商品或货物的价值课征的，而不是按照重量课征的，是一种从价关税。当然，这并不是说英国历史上并不存在按重量单位"磅"课征的从量关税，一些毛纺织品和织物，就曾以重量单位"磅"课征过关税。

尽管学术界就关税源起的论争颇多，[①]但人们对古关税的认识却较为一致。现今，学术界在提及古关税时，一般指1275年课征的关税。是年，在商人的恳请下，议会批准开课关税。课征对象主要是出口的羊毛、羊毛皮（毛仍旧附于其上的羊皮）和皮革。1275年的关税课征似乎表明，议会拥有古关税的课征批准权。但是事实并不如此。1303年，国王和外国商人达成协议，对外国商人出口的酒、羊毛、羊毛皮和皮革、进出口的布匹课税，称为"小关税"。这些关税的课征未经议会批准，因此，N.S.B.格拉斯认为，这即是国王关税课征权的起源。1347年，国王又按更高的关税税率对外国商人进出口的布类商品征税。这些课税事实表明：1275年经议会批准课税的那些商品，国王同样拥有课征权，即议会只拥有"古关税"的部分课征批准权。

此外，议会只是在名义上控制着关税的第二大组成部分——关税补助金及桶税和镑税的课征批准权。关税补助金其实应该称为羊毛、毛皮和皮革的补助金，它源起于古关税中的羊毛税，但是，课征对象绝不仅仅局限于羊毛，范围较广。自1362年起，关税补助金只有在得到议会的批准后才能课征。桶税和镑税源于1347年的酒类及其他商品的关税课征。起先，桶税和镑税的批准权在谘议会，但后来议会获得了该税的课征批准权。

不过，关税补助金及桶税和镑税的课征虽然需得到议会批准，但事实上议会并无多少控制权可言。原因主要有两个：一是到都铎王朝建立时，议会在国王即位之初便批准国王可终身课征上述两类关税已成惯例。亨利七世的第一届议会就授权国王可终身课征"桶税和镑税，以及

---

① 威廉·配第认为："关税是对输入或输出君主领土的货物所课的一种捐税"，"关税最初是为了保护进出口的货物免遭海盗劫掠而送给君主的报酬"。参见[英]威廉·配第《赋税论》，载威廉·配第《配第经济著作选集》，商务印书馆1997年版，第52页。与威廉·配第的看法大致相同，R.道格拉斯认为，关税的"课征，至少在理论上是为了资助国王建立海军，以保护商人免受海盗和外敌的劫掠"。参见R. Douglas, *Taxation in Britain since 1660*, p.4。而有的学者则认为，关税源自用现金赎回扣押货物的交换。也有学者认为，关税起源于城镇或庄园主课征的地方通行税。到13世纪时，这种地方税具有了"半国家性"，它开始由国王根据其特权课征，其地方性开始衰退。参见N.S.B. Gras, *The Early English Custom System*, pp. 50—57。具体分析可参阅本书第四章第一节。

羊毛、毛皮和皮革的补助金”，用于保护国家和海上事业。①这意味着议会的关税课征批准权实际上有名无实。二是尽管关税课征批准权在议会，但关税税率的制定和调整权却在国王。关税税率由国王和商人协定，而不是由国王和纳税人之代表商定，因而议会无权干涉，国王可借此调整关税收入。

如果说议会对前两类关税或多或少还有些控制权的话，那么，对关税附加税则毫无控制权可言。关税附加税课征仰仗的是国王的特权，法律也承认这一课征的有效性，而且其历次课征都从未经过议会批准，因此它是典型的国王特权税。

总之，1642年以前，议会的关税课征批准权有名无实，关税实质上是国王的特权税。也正因如此，历任国王都对关税课征非常重视。现代初期，关税收入不断增长。“亨利七世统治的前十年间，关税年均收入为32951镑；其余年间，年均收入为40132镑”，②增长显著。伊丽莎白一世统治期间，通过提高桶税和镑税的税率等措施，关税收入稳中有升，年均收入在6万—9.1万镑间波动。③斯图亚特王朝早期，随着商业贸易的扩大，关税收入又有增长。“1604年，关税收入额为127000镑”；“1611年，关税包税契约重订时，年租金为136226镑。1614到1621年，为期7年的年包税租金为141000镑。詹姆斯一世统治的最后5年间，关税年包税租金为150000镑”。④随之，关税收入在财政收入中的比例也迅速增加，占30%—40%。

封建特权收入包括监护权收入、优先购买权收入、森林罚金收入、逃避骑士封爵罚金收入、船税收入、专营权收入、铸币权收入等。

监护权收入是国王凭借其封建土地占有权而获得的收入。国王的直属封臣去世后，如果地产继承人不满21岁，那么，地产由国王监护，直到地产继承人成年，其间的地产收入都归国王所有。此外，地产继承人承袭地产时，还要向国王缴纳一笔继承金。亨利七世即位初年，得自

---

① F.C. Dietz, *English Government Finance, 1485—1558*, London: Frank Cass and Co. Ltd., 1964, p. 21.

② F.C. Dietz, *English Government Finance, 1485—1558*, p. 22.

③ P. Williams, *The Tudor Regime,* Oxford: The Clarendon Press, 1979, pp. 70—72.

④ B.E.V. Sabine, *A Short History of Taxation*, p. 83.

监护权的收入只有353镑。[①]为了增加监护权收入，亨利七世于1503年设立了专门负责调查和管理监护土地的监护法院。自1504年起，监护权收入大幅度增加。1504—1507年的监护权收入分别为3003镑、5422镑、5626镑、6163镑。[②]亨利八世时期，为了禁止贵族把应该由国王监护的土地交给他人托管，国王说服议会于1536年通过了《托管法》。不过，由于贵族强烈反对，国王不得不以1540年的《遗产法》取而代之。《遗产法》规定，贵族可以把其2/3的土地转给他人托管，国王仅监护其中的1/3。尽管国王作了让步，但是，这两部议会法案的出台，都反映了国王企图借助议会强化其封建监护权的意愿。亨利八世统治时的1541—1542年、1542—1543年和1545—1546年的监护权净收入，分别为4466镑、5452镑和10550镑。[③]爱德华六世、玛丽一世和伊丽莎白一世统治时期的1558—1602年，得自监护权的年均净收入分别为11027镑、15423镑、14677镑。[④]"詹姆斯一世统治末期，监护权年均收入约40000镑，1635年上升至54000镑，1641年为75000镑。"[⑤]可见，在1642年以前，监护权收入一直是国王收入的重要组成部分。

表2-2 　　　　　　　　　　1547—1602年监护权收入统计

国　王	总净收入
爱德华六世	66162镑
玛丽一世	92537镑
伊丽莎白一世（1558—1602年）	645807镑

资料来源：J. Hurstfield, "The Profits of Fiscal Feudalism, 1541—1603", *The Economic History Review,* 2nd, Vol. VIII, 1955, p. 55.

① F.C. Dietz, *English Government Finance, 1485—1558*, p. 31.

② F.C. Dietz, *English Government Finance, 1485—1558*, p. 31.

③ J. Hurstfield, "The Profits of Fiscal Feudalism, 1541—1603", *The Economic History Review*, 2nd, Vol. VIII, 1955, p. 55.需要说明的是，此处在引征数字时，均没有把物价因素考虑在内。也就是说，尽管监护权的年净收入额不断增长，但是由于物价不断上涨，监护权收入的实际购买力却可能会不升反降。

④ J.K. Horsefield, "The 'Stop of Exchequer Revisited'", p. 55.

⑤ M.J. Braddick, *The Nerves of the State: Taxation and the Financing of the English State, 1558—1714*, p.75.

表2-3			1541—1597年监护权年均净收入统计			
时 间	1541—1551年	1551—1561年	1561—1571年	1571—1581年	1581—1591年	1591—1597年
净收入	9004镑	18626镑	14403镑	12300镑	12963镑	14575镑

资料来源：J. Hurstfield, "The Profits of Fiscal Feudalism, 1541—1603", *The Economic History Review*, 2nd, Vol. VIII, 1955, p. 56.

优先购买权收入一直到现代初期都是国王正常财政收入的重要组成部分。优先购买权是国王古老权力的一种，指国王有权按"国王的价格"，而不是按市场价格，征购王室需要的货物。优先购买由王室的支出和购买机构——王室总管室负责。优先购买权主要分两类。一类是从某些商人处攫取某些特殊商品，如酒类的优先购买权。起初，国王直接从进口酒商处攫取酒供，供个人专享，后来，酒商以缴纳现金替代酒供。不过，迟至16世纪晚期，因物价上涨和支出短绌等原因，王室直接攫取酒类等货物的情况还时有发生。另一类优先购买权指国王有权按自己指定的价格，而不是按市场价格从各郡获得食物。后来，这类优先购买权的实施又发生了一些变化。实施的基本程序是：首先，王室与各郡就需要优先购买的货物种类与数量达成一致；而后由各郡治安法官与王室达成根据国王价格提供货物的契约；之后，治安法官到市场按照市价购齐货物，交至王室；及至交货时，治安法官得到的是按国王的价格支付的货款。货物市价与国王价格的缺口总额，由全郡按一定比例分担。实际上，优先购买权至此已演变为一种无须议会同意而课征的税收。

显然，优先购买权是一种独断暴虐的权力，它必然招致法律的反对。自13世纪至16世纪，《大宪章》和其他40部成文法，均对国王的优先购买权作出了限制性规定。其中，1555年的成文法，重新确认了以前所有限制优先购买权的法律条文，并且增加了新的限制性规定。该年的议会成文法标志着法律对优先购买权的限制达到了新的高度。

然而，几个世纪以来，优先购买权竟然一直在法律的反对声中存在和实施着。伊丽莎白一世统治末期，女王每年可通过优先购买权获利3.7万镑。詹姆斯一世和查理一世得自优先购买权的收入还要多，每年有40000—50000镑。①

森林罚金收入指通过对违反森林法和侵害国王森林边界进行处罚而获取的收入。与普通法不同，"森林法完全是国王个人意志的产物"，②森林法中的森林，指那片由国王指定的用于巡回狩猎的土地……国王完全没有必要拥有森林中的任何一块土地，也完全没有必要占有森林中的任何一棵树。可是，国王独享森林的狩猎权。森林是森林法所创造的"自然保护区"，这里的一切，都是为了给国王的嬉戏和狩猎提供便利。因此，未经允许而对这片土地所做的任何改变都是非法的。③查理一世统治期间，为增加封建收入，森林法恢复实施。森林法赖以实施的主要机构是森林巡回法院。森林巡回法院主要通过两种途径为国王开拓森林罚金收入。一是对违反森林法者课以罚金；二是重新确定和恢复古老的森林边界，并对侵蚀边界者予以处罚。1635—1640年，国王得自迪恩森林、埃塞克斯郡森林和北安普敦郡的三个森林的收入为38667镑。④

对逃避骑士封爵的罚金也给国王带来了不少收入。逃避骑士封爵的罚金也是对侵害王权的处罚。16世纪时，召集骑士成为英王敛财的手段之一。凡在国王加冕时（不再是军事紧急时刻）拒不到场的骑士，均被课以罚金。1558年，伊丽莎白一世加冕时召集骑士到廷即是如此。之后，骑士的召集流于形式，变得散漫无制，不服从召集者亦不再处以罚金。但是，查理一世时，国王在卷宗大臣朱利叶斯·西泽爵士的劝诱下，为敛财而在再三犹豫之后决定课征骑士罚金。"到1635年复活节，骑士罚金的征缴总额为173537镑（后又有747镑入账）。"⑤

船税是最为臭名昭著的国王特权税。船税的课征起源于当国家处于

① M.J. Braddick, *The Nerves of the State: Taxation and the Financing of the English State, 1558—1714*, pp. 81—82.

② 程汉大：《12—13世纪英国法律制度的革命性变化》，《世界历史》2000年第5期。

③ G. Hammersley, "The Revival of the Forest Laws under Charles I", *History*, Vol. XLV, 1960, pp. 85—86.

④ P.A. Pettit, *The Royal Forests of Northamptonshire: A Study in Their Economy 1558—1714*, Northamptonshire Record Society, 23, p. 89.

⑤ M.J. Braddick, *The Nerves of the State: Taxation and the Financing of the English State, 1558—1714*, p. 76.

危难时，国王有权自沿海各市镇征募船只的古老权力。按照封建传统，为保卫王国而课征的船税，无须经过议会批准。船税主要用于保卫王国的船只铸造，一直由"五港同盟"[①]缴纳。但后经两次重要变革，这一古老的船只征募权转化为向全国课征的"直接税"。第一次变革是以现金支付代替船只征募。第二次变革与所谓的"海军财政革命"密切相关。为支付造舰费用和海军军费，枢密院决定，自1635年起船税在全国范围内课征。此时，船税便具有了利用国王特权平衡军费支出膨胀的尝试。也正因如此，船税"被称为'17世纪的丹麦金'"。[②]1635—1640年，枢密院每年都给各郡发布指令，明令各郡缴纳一定数额的船税。各郡的郡长根据枢密院指令在本郡估税，并组织郡内的高级治安官和低级治安官征敛税收。船税的税额既定，征收责任到人，因此征管极富成效。1635—1637年，船税的收入分别为104252镑、208900镑和202240镑。[③]然而，由于民众对船税课征的合法性心存质疑，抵税抗税之举常有发生，并愈演愈烈。1640年，长期议会第一届会议宣布船税为非法。自此，不经议会同意国王不能再课征特权税。

专营权收入是国王以刺激技术革新和保护国内工业为借口而获得的收入。[④]詹姆斯一世和查理一世时期，国王财政状况极度恶化，为避免

---

① "五港同盟"是英国最古老的军事同盟，形成于11世纪。最初由英国东南部的黑斯廷斯、罗姆尼、海斯、多佛和桑德威奇5个海港组成，主要目的是海运和防御。"五港同盟"曾在14世纪的盎格鲁—法国对抗中达到鼎盛，是英国东南海岸的军事防御墙。

② B.E.V. Sabine, *A History of Income Tax*, London: George Allen & Unwin Ltd., 1966, p. 13.

③ S. Dowell, *A History of Taxation and Taxes in England*, Vol. I, pp. 234—239.

④ 根据爱德华·科克的定义，专营权是"国王通过恩赐、授权或其他方式，给予个人或人们、政治组织或团体对任何事物进行专有买卖、使用、经营或利用的一种制度或补助"。参见E.R. Foster, "The Procedure of the House of Commons Against Patents and Monopolies", In W.A. Aiken & B.D. Henning, *Conflict in Stuart England: Essays in Honour of Wallace Notestein*, London: Cape, 1960, p. 59. 在英国历史上，现在已知的最早的专营权恩赐，可能是爱德华三世赐予约翰·肯普的纺织特许专营权。赐予约翰·肯普专营权主要不是从国王的私利出发，也不是为了能够提前获得收入，而主要着眼于刺激或规范经济贸易。参见O. Bracha, "The Commodification of Patents, 1600—1836: How Patents Became Rights and Why We Should Care", *Loyola of Los Angeles Law Review*, 38, 2004, p. 183. 不过，从一开始，专营权就与提高王室权力和收入密切相关，这注定了专营权后来必然会成为国王的重要敛财手段之一。参见G. Hull, *The Abolition of Antitrust*, New Jersey: Transaction Publishers, 2005, p. 67。

财政破产，不择手段地开掘财源，恩赐专营权即是常用的开掘财源的手段之一。1603—1624年，詹姆斯一世恩赐的专营权比之前50年间恩赐的还多，1630年代，专营权收入有时竟高达101180镑，1640年代，在100000镑左右。[①]由此可知，通过专营权获益是国王的另一敛财手段。

这一时期，凭借铸币权敛财也是国王常用的增收手段。"1542—1551年间，国王凭借铸币权，以降低货币成色为手段，牟取了约120万镑的收入"，[②]1558—1603年、1604—1625年、1626—1640年，国王的铸币收入分别占财政收入的0.45%、0.26%和0.10%。[③]

中世纪和现代初期的特别财政收入（即议会批准的直接税收入）主要有十五分之一和十分之一税收入、补助金收入两种。十五分之一和十分之一税是按照一定比例对全国臣民动产课征的财产税。1207年首次课征，税率为1/13。之后，课征渐趋经常，但税率变动不居。直到1334年，税率才固定为城市居民动产价值的1/10，乡村居民土地收入的1/15，该次税入额约3.7万镑。约自此时起，财产税被称为十五分之一和十分之一税。[④]

对国王来说，十五分之一和十分之一税有着诸多不足之处。首先，14世纪中期时，议会获得了批准财产税的权力，不经议会批准国王无权课征。其次，也约自14世纪中期起，十五分之一和十分之一税的税额便基本保持不变，15世纪及之后虽然有些调整，但总是在减少而不是增加税额，而且由于物价上涨等原因，税收收入的实际价值也日益降低。最后，由于既定的税额多依据习惯，而不是根据各地经济的发展变化进行分配，所以，税负的分配凸显不公，民众抱怨日趋激烈。结果，1624年时十五分之一和十分之一税停止课征。

补助金是经议会批准的以土地收入、动产和工资为估税对象的税

---

① M.J. Braddick, *The Nerves of the State: Taxation and the Financing of the English State, 1558—1714*, p. 78.

② J. Loach, *A Mid Tudor Crisis*, The Historical Association, 1992, p. 8.

③ M.J. Braddick, *The Nerves of the State: Taxation and the Financing of the English State, 1558—1714*, p. 10.

④ M. Jurkowiski, C.I. Smith & D. Crook, *Lay Taxes in England and Wales, 1188—1688*, pp. xxvi—xxxi.

收。补助金自亨利八世起课征。"1512年，尽管议会法案没有提及课税之事，但实际上，议会曾批准亨利八世课征了12000镑的补助金。"①补助金课征之初，通常按照一定的比例，将税额分摊至各郡，由各郡根据分摊到的税额，制定税率课征。但自1523年起，补助金不再明确规定其最终课征到的具体数额，而是按照一定的税率估税，这一做法一直持续到1642年。

补助金课征初期，由于税率较高，而且多能按民众的实际财产估税，税收额较为理想。1523年的第一笔补助金税入额为72306镑，1545年上升至109838镑。②但自玛丽一世统治末年起，逃税日趋严重，应税财产仅是纳税人财产的一部分，甚至是一小部分。伊丽莎白一世时，补助金税收额进一步萎缩，只有亨利八世时的一半。斯图亚特王朝早期，逃税更趋严重。"1566年，埃塞克斯郡共有6700人缴纳补助金，而1638年时却只有3700人。"逃税的直接后果是补助金税入额的迅速下降。"1590年至1630年，诺福克和伦敦的补助金税额下跌了70%多。"③

总之，1642年以前，议会直接税还不是常税，在国王财政收入中的地位，远逊于国王的正常财政收入。"伊丽莎白一世统治期间，议会税收年均收入不到80000镑。其前三十年间的议会税收年均收入还不到50000镑。"④詹姆斯一世和查理一世时期，议会直接税收入，分别只占财政收入的9.28%和3.96%。与此相反，前所述及的处于国王严格控制之下的国王领地收入和特权收入，却占财政收入的3/4左右，而且所占比例额还不断上升。因此，我们才把1642年以前的财政体制称为"王室财政"体制。

---

① M. Jurkowiski, C.I. Smith & D. Crook, *Lay Taxes in England and Wales, 1188—1688*, p. xli.

② M. Jurkowiski, C.I. Smith & D. Crook, *Lay Taxes in England and Wales, 1188—1688*, p. 147.

③ M.J. Braddick, *The Nerves of the State: Taxation and the Financing of the English State, 1558—1714*, p. 94.

④ B.E.V. Sabine, *A History of Income Taxation*, p. 13.

表2-4　　　　　　　　　1560—1640年财政收入构成及比例

时 间	1560—1602年	1603—1625年	1626—1640年
国王收入	27.00%	19.00%	11.00%
财产出卖收入	6.00%	9.00%	7.00%
铸币收入	1.00%	0	0
议会批准间接税收入	10.70%	17.84%	20.52%
未经议会批准的间接税收入	13.30%	22.16%	25.48%
议会批准直接税收入	16.38%	9.28%	3.96%
未经议会批准的直接税收入	25.62%	22.72%	32.04%
经议会批准的总收入	27.08%	27.12%	24.48%
未经议会批准的总收入	72.92%	72.88%	75.52%

资料来源：M.J. Braddick, *The Nerves of the State: Taxation and the Financing of the English State, 1558—1714*, Manchester and New York: Manchester University Press, 1996, p. 10.

第二节　革命时期的财政体制

从1642年8月内战爆发到1660年王权复辟为第二阶段。短短18年里，国家主权几度易位，王权失而复得，多种政治试验，都因违背了历史传统，或因超越了现实的可能性，而最终宣告失败。从表面上看，王权复辟意味着历史的车轮在前进了一圈之后又倒转回原地，但事实上，过去18年的许多变化是不可逆转的，动荡中的财政革新对复辟时期财政的影响清晰可辨。

从财政收入构成的角度看，革命时期的财政体制，因为消费税和固定税额税等新议会税种的开课，以及关税性质的转变，而发生了巨大变化。财政体制在革命时期，暂时性地具有了后来议会财政体制的性质和特征。

消费税是对特定消费商品课征的一种税收。消费税于1643年由约翰·皮姆引入英国时，主要对国内生产的生活必需品课征，故又称为国内货物税。起初，消费税的课征对象主要是国内生产的"啤酒、苹果酒、肉、盐、淀粉和帽子"，但"后来，消费税主要对啤酒——特别是对进口啤酒课征"。[①]

与直接税具有"累进性"相比，消费税作为间接税，其"累退性"格外明显。消费税的个人税负，与财产或收入多少关系不大，只要消费特定的商品就要纳税。因而穷人的消费税税负格外沉重，这引起了民众的普遍不满。再加上消费税的课征直接导致了物价上涨，所以，开课后不久，民众就开始武装抗税。1647年，史密斯菲尔德就爆发了好几次武装抗税事件。1650年，伍斯特郡和兰开斯特郡也有同样的武装抗税事件发生。[②]

尽管民众抗税此起彼伏，但是当时赞成课征消费税者也大有人在。威廉·配第（1623—1687年）在1662年出版的《赋税论》一书中阐述了他赞成课征消费税的几点理由，声称："每个人按其实际享受缴税，符合自然的正义。因此，这种税几乎对任何人都不加强制，而且它对满足于最低生活的人说来，是极其轻微的。""这种税如果不是包给别人，而由国家直接征收并且征收得很合理的话，则足以促人勤俭并且是唯一的富国之法。这种情况，从荷兰人、犹太人和所有靠经营商业而获得巨富的人的事例中，可以看得很清楚。""人们不至对同一物品缴纳二倍或二次税。""实行这种税制，就能够随时对国家的财富、出产、贸易及实力作出精确的计算。"[③]比威廉·配第稍晚些的另一个英国经济学家查尔斯·达维南特，从另一个角度阐发了他支持课征消费税的理由。

---

① R. Douglas, *Taxation in Britain since 1660*, p. 4.另外，W.肯尼迪指出，这一时期，"还按照较低的税率对生活必需品，如对盐和肥皂等课征消费税。此外，还对奢侈品和工业用品课税，前者如烈酒，后者如铁和铅"。参见W. Kennedy, *English Taxation 1640—1799: An Essay on Policy and Opinion*, p. 55。

② M. Ashley, *Financial and Commercial Policy under the Cromwellian Protectorate*, London: Frank Cass & Co. Ltd., 1972, pp. 63—64.

③ [英]威廉·配第：《赋税论》，载威廉·配第《配第经济著作选集》，第93页。除威廉·配第外，托马斯·霍布斯、托马斯·谢里登、亚伯拉罕·希尔等人，也支持消费税的课征，他们支持课税的理由是，支出是衡量一个人经济能力的最佳标准，因而，针对支出的课税自然也是公平合理的。参见W. Kennedy, *English Taxation 1640—1799: An Essay on Policy and Opinion*, p. 63。

他指出："消费税是一个尺度，据此我们不仅可以推测人民的消费，而且还或多或少可以了解人口增减的情况。"①

消费税的课征虽然遭到了民众的激烈反对，但是因为它的课征对象人数相对固定且数量较少，易于管理，逃税较为困难，所以，在地方税收官员的努力下，消费税收入额不断增长，成了财政收入的重要组成部分。

表2-5　　　　1654年7月—1659年复活节消费税净收入统计

时　间	收入额
1654年7—12月	206362镑
1654—1655年	333913镑
1655—1656年	353255镑
1656—1657年	374415镑
1657—1658年	449174镑
1658年米迦勒节至1659年复活节	215902镑

资料来源：M. Ashley, *Financial and Commercial Policy under the Cromwellian Protectorate,* London: Frank Cass & Co. Ltd., 1972, p. 68.

固定税额税，顾名思义，为税额既定且基本保持不变的税收。课征之初，税收总额即按一定比例分配到各郡和城市，再由郡和城市把具体数额分至各市镇和教区，而后由市镇和教区的税收委员会根据地产收入、职位收入和不动产收入，按镑值估定税率。固定税额税不像十五分之一和十分之一税那样，按照既定的税率课征，因此仅就本地区的课税而言，民众认为税负相对合理，从而避免了有关税负不公的无休止争论。

固定税额税主要有周税和月税两种，二者除课征周期和税额不同外，其他方面皆同。周税和月税可分为两类。一类周税和月税在卷入战事的各郡即征即用，主要用作军费支出。比如，为支付南安普敦郡的军

---

① [英]查尔斯·达维南特：《论英国的公共收入与贸易》，朱泱、胡企林译，商务印书馆1995年版，第8页。另外，W.肯尼迪指出，17世纪时，英国开课消费税主要基于以下两个理由：一是消费税的课征对象只是少数生产者和贸易商，因而课征相对容易得多；二是因为课征对象人数较少，对他们的监督管理自然容易得多，逃税也就格外困难，所以，税收额也较为稳定。参见W. Kennedy, *English Taxation 1640—1799: An Essay on Policy and Opinion*, p.61。

费开销，议会决定自1643年10月9日起在南安普敦郡课征为期6个月的周税。另一类周税和月税为全国性的税收，它征之于全国各郡，用于整个议会军的军费支出。从1645年5月到1660年王权复辟，议会一直在全国范围内课征月税，以维持议会军的军费开支，这一时期的月税被人们称为"托马斯·费尔法克斯爵士的军队税收"。与未卷入战争的各郡相比，卷入战争的各郡的税负要沉重得多。

周税和月税是内战、共和国与护国政府时期最重要的财政收入来源。1644年2月至1660年复辟期间的固定税额税净收入或实际收入总额为11205545镑。①

1642年至1660年间，财政收入构成之所以发生巨大变化，还与1642年前后关税性质发生的根本性变化密切相关。之前，关税基本上是国王的一种特权税；而在此之后，关税的课征权及税率的制定和调整权，完全落入议会手中，关税转变为由议会控制的间接税。

议会与国王争夺关税权的斗争由来已久，但是，1625年以前，议会并未展开多少实质性的"夺权"斗争，只局限于对国王关税权的蚕食。查理一世即位后，局面得以改变。议会一反多年来在新王登基之初便授权他可终身课征桶税和镑税的传统，只批准他课征一年。议会的这一决定表明，它的"夺权"斗争开始由蚕食转为"鲸吞虎踞"。1629年，议会通过了一项坚决抵制国王不经议会同意而课征桶税和镑税的决议案，宣布凡教唆国王不经议会批准而课征桶税和镑税者，以及自愿缴纳未经议会批准的桶税和镑税者，都是"国家和人民的死敌"。②该决议案标志着议会与国王间争夺关税权的斗争趋于白热化。1640年11月，"长期国会"又宣布废除船税、桶税和镑税等一切未经议会同意的非法税收。查理一世迫于压力也只得承认，只有议会才拥有桶税和镑税的课征批准权。这一切表明，关税权开始由国王手中向议会手中转移。

---

① M. Ashley, *Financial and Commercial Policy under the Cromwellian Protectorate*, pp. 79—80. M.阿什利指出，1644年2月至1652年1月、1652年至1653年6月、1654年6月至1654年12月、1654年12月至1655年12月、1655年12月至1656年12月、1656年12月至1658年12月、1658年12月25日至1660年复辟前的周税和月税净收入或实际收入分别为5228873镑、2417483镑、613942镑、696735镑、702201镑、1097495镑、448816镑。

② C. Hill, *The Century of Revolution, 1603—1714*, p. 45.

内战爆发后，关税权完全落入议会手中，关税转变为议会间接税。议会掌握了关税课征大权后，决定对关税税收实行直接征管制，即关税征管由关税税收委员会负责。在关税税收委员会的管理下，关税的税收额稳步增长。

表2-6　　　　　　　　1644—1659年关税毛收入统计

时　间	毛收入额	时　间	毛收入额
1644年	231440镑	1652年	266070镑
1645年	227278镑	1653年	328317镑
1646年	267680镑	1654年	364486镑
1647年	262785镑	1655年	364328镑
1648年	203054镑	1656年	338728镑
1649年	292034镑	1657年	375296镑
1650年	276066镑	1658年	352704镑
1651年	250863镑	1659年	482820镑

资料来源：M. Ashley, *Financial and Commercial Policy under the Cromwellian Protectorate,* London: Frank Cass & Co. Ltd., 1972, p. 57.

通过以上论述分析，可以取得如下认识：革命时期，由于王权的倾覆和议会的胜利，财政收入最主要来源于议会新批准开课的消费税、固定税额税，以及作为议会间接税的关税。因此，若抛开政治因素，仅从财政收入构成角度考虑的话，似乎完全可以用"议会财政"体制来概括这一时期的财政体制。

然而，需要看到的是，政治体制的性质决定财政体制的性质，绝不能离开前者而空谈后者。议会的胜利是暂时的，1660年的王权复辟宣告了它的结束，这决定了议会没有充足的时间和足够的经验去建立并完善议会财政体制。

当然，财政体制的变革有其自身的规律，它反过来会影响政治体制的变革。过去18年间财政收入构成发生的许多变化是不可逆转的，这为复辟时期的财政体制实现从"王室财政"体制向议会财政体制的过渡奠定了基础。

第三节 复辟时期的过渡性财政体制

复辟时期（1660—1688年）为第三阶段。单就财政收入而言，由于国王再无权课征封建捐税，王室地产丧失殆尽，其正常收入急剧减少，在财政收入中只占据少许份额，而且这一份额还在不断萎缩。与之相反，由议会控制的税收收入在财政收入中占据了绝对优势，并且所占份额不断增加。

这一收入构成比例的变化标志着，随着议会对财政收入的控制日趋加强，查理二世逐渐失去了建立专制统治的财政收入构成基础，[1]英国财政体制由"王室财政"体制向议会财政体制转变。

王权复辟后，由于封建捐税课征特权的废除，国王的正常收入主要来自地产。然而，国王地产历经都铎王朝后期和斯图亚特王朝早期诸王及内战、共和国与护国政府时期的变卖，已所剩不多，地产收入也每况愈下，[2]亨利七世统治时期的"王室地产黄金时代"[3]一去不复返了。虽

---

[1] 需要说明的是，复辟时期，关税的最终课征权虽然掌握在议会手中，但因为议会又批准国王可终身课征关税，所以议会对关税实际上并没有多少日常操控权。这在很大程度上为后来詹姆斯二世试图强化专制统治奠定了财政基础。

[2] "据估计，詹姆斯一世统治期间，王室地产出售总所得约为650000镑，年均27000镑。"参见B.E.V. Sabine, *A Short History of Taxation*, p. 83. R.W.霍伊尔的统计数据与B.E.V.萨拜因的数据有些出入，R.W.霍伊尔的数据是681953镑。他进一步指出，随着地产的出卖，王室地产毛收入从1605年的145000镑，下降到了1621年的115362镑。参见R.W. Hoyle, "Introduction: Aspects of the Crown Estate", p.16, pp. 10—11.

[3] J. Thirsk, *The Agrarian History of England and Wales, 1500—1640,* Vol. 4, London: Cambridge University Press, 1967, p.260. 亨利七世以后，国王地产收入虽然在数额上有所增加，但因物价上涨等原因，其实际价值并没有多少增长。有关物价的上涨情况可参见R.B.乌思怀特的统计。他指出，如果把1451—1475年的物价指数定为100，那么1491—1500年的农业产品和工业产品的物价指数分别为100和97，1541—1550年分别为217和127，1611—1620年分别为583和274，1631—1640年分别为687和281。参见R.B. Outhwaite, *Inflation in Tudor and Early Stuart England,* London · Melbourne · Toronto: Macmilian, 1969, p. 10。另外，随着其他收入的增加，斯图亚特王朝早期，地产收入在财政收入中的比例多有下降。

然1650年代出卖的大多数王室地产得以恢复，但是又多被指定为王母和王后的寡妇授予产，[①]对国王来说，并无多少利益可言。1671年以前，王室地产平均年收入约为17134.1镑。[②]

表2-7　　　　　　　　1662—1671年王室地产收入

时 间	1662年	1663年	1664年	1665年	1666年
收入额	17270镑	34014镑	34416镑	11487镑	14679镑
时 间	1667年	1668年	1669年	1670年	1671年
收入额	6595镑	15584镑	11844镑	12613镑	12839镑

资料来源：W.A. Shaw (Prepared), *Calendar of Treasury Books, 1672—1675*, Vol. IV, London: His Majesty's Stationary Office, 1909, p. x.

1671年以后，为了支付巨额的英荷战争军费，偿还"财政署止付"时的债息，国王被迫再次变卖地产，王室地产收入因此进一步下跌。1672—1688年，王室地产年收入约只有5870.8镑。[③]这些数据表明，王权复辟后，原为财政收入重要组成部分的王室地产收入现已微不足道。

王权复辟后，国王除从王室地产获得收入外，还曾经过议会批准，课征过两次"变种"特权税。从法律上讲，1660年以后，英王理论上再也不能根据封建习惯和封建权力课征特权税，但实际上1661年却课征了

---

① 寡妇授予产是指为了保证妻子在自己死后的生活，丈夫在生前划拨给其妻子的地产，规定妻子对此土地的权利自他死后开始，至少持续到她死亡，当然她可以处分该地产以使该权利终止。参见薛波主编《元照英美法词典》，法律出版社2003年版。英国的习惯法和普通法对寡妇授予产都有较为严格的规定。

② 根据W.A.肖《国库卷档日志》的数据，1661—1671年，王室地产年均收入为15620镑，其中，1662—1671年的年均收入为17134.1镑。但是，W.A.肖根据自己的数据计算，给出的数字却是12000镑。W.A.肖的计算可能有误。参见W.A. Shaw (Prepared), *Calendar of Treasury Books, 1672—1675*, Vol. IV, p. x. 约翰·克拉潘对王室地产的收入估计要高一些。他认为，查理二世即位之初，王室地产年收入约为5万镑。参见约翰·克拉潘《简明不列颠经济史》，范定九、王祖廉译，上海译文出版社1980年版，第399页。

③ C.D. Chandaman, *The English Public Revenue 1660—88*, p. 115.根据C.D. 钱达曼的统计，1672—1681年、1681—1688年，王室地产的年均收入额分别为3283镑和9198镑。W.A.肖的数据与之不同。他认为，1673—1688年，王室地产收入总长每年上交的王室地产收入在1000镑到1500镑间浮动。参见W.A. Shaw (Prepared), *Calendar of Treasury Books, 1672—1675*, Vol. IV, p. xi.

经由议会批准的特权税。是年7月8日，议会批准国王课征的"自由与自愿的献礼"，就是对传统"献金"的承袭。议会为此还极尽巧言令色之能事，声称：国王有权在国家发生危机之时寻求财政支持；民众对国王财政的支持也是其仁爱之心的体现。捐献的最高限额为贵族400镑，平民200镑。

为保证捐献的成功，捐献委员会成员分赴全国主要市镇，公开召集会议，敦促捐献活动开展。有些捐献者当场进行了捐款，其余大多数捐献者则表示，他们将在一个确定的时限内捐献。萨里的捐献表明，捐献者通常会在6—8周内完成捐款。捐献的自愿程度到底如何，至今鲜为人知，但有一点是确定无疑的，那就是，捐献者一旦作出捐献承诺，而到期又无力捐献的话，他就必须求助财政署申诉程序求得豁免。当然，捐献委员会成员也不可能无限期地迫使捐献者捐献，因为他们的最终任职期限是1662年6月24日。1661年的捐献总额，约是1663年议会补助金的4倍。不过总的看来捐献并不十分成功。

与1661年的捐献相比，1678年的特权税征收更值得关注。是年7月5日，经议会批准，国王以固定税额税的方式在全国范围内课税。[①]尽管有议会权威作为保障，但是，该次课税收入的一部分将用于查理二世的侄女玛丽与奥伦治的威廉结婚费用的课税理由，却让民众对该次课税的合法性心存疑问。因为，毫无疑问，这次课税是对国王长子封爵或国王长女出嫁时封臣有"助钱"义务的封建传统的承袭，而英国历史上最后一次课征封建"助钱"，已是1612年的事情了。[②]

尽管"变种"特权税只在1661年和1678年课征过两次，但它们的课征却表明，"王室财政"体制下国王可依托某些特权课征特权税的封建传统并没有完全丧失。换言之，复辟时期，在财政收入领域还残存着"王室财政"体制的某些特征。

与王室地产收入不断下跌相反，议会控制的税收收入遽然增长，占

---

① 有关"变种"特权税的课征，可参阅M. Jurkowiski, C.I. Smith & D. Crook, *Lay Taxes in England and Wales, 1188—1688*, pp. lxi—lxii。

② 也有史家认为，英国历史上最后一次课征封建助钱的时间是1504年，是年，亨利七世为长子封爵和长女出嫁，课征了封建助钱。参见M.V.C. Alexander, *The First of the Tudors: A Study of Henry VII and His Reign*, Totowa: Rowman and Littlefield, 1980, p. 79。

财政收入的90%以上，而且所占比例不断增加。

首先，关税收入不断增加。王权复辟后，国王确认了议会拥有的关税课征权和税率制定与调整权，这表明关税课征权继续掌握在议会手中，因此关税在本质上应属于议会控制下的间接税。

不过，议会在国王承认其拥有关税课征批准权力的前提下，也同时批准国王可终身课征关税。复辟王权及其政府为了增加关税收入，1671年以前，在关税的征收管理上主要实行了包税制。1662年和1667年，复辟政府先后两次将关税包给了包税商人，包税期均为5年，年租金分别为390000镑和400000镑。与以前相比，关税的年包税租金有较大幅度增长。①

关税的包税制虽然能够给国王提前带来数额明确且固定的收入，但是其缺点也是难以克服的。如果国王对某些国家实施贸易禁运，或者进行战争，关税收入必因之而降低，原签订的包税契约对包税商人来说便不甚公平。同样，如果国王课征新的关税附加税，关税收入必因之而上升，原签订的包税契约对国王来说便又不公平。此外，国王及其政府也一直怀疑包税商人从关税包税中获得了大量不义之财，因而，也总试图通过关税的直接征管而获得更多的关税收入。1671年，复辟政府权衡利弊，抛弃了关税包税制。之后，关税由设在伦敦、爱丁堡和都柏林的关税税收委员会直接征管。后来，三个关税税收委员会合而为一，由设在伦敦的关税税收委员会统一管理。

需要说明的是，在关税管理上虽然抛弃了包税制，但并没有抛弃关税包税商人建立的运作高效的征收管理方法。因此，尽管1671年以后的

---

① M.J. Braddick, *The Nerves of the State: Taxation and the Financing of the English State, 1558—1714*, pp. 62—64. M.J.布拉迪克还指出，1604年，斯图亚特王朝首次关税包税的年租金为112400镑。后来，每次重订关税包税契约时，包税租金都有所上涨。1638年，关税包税的年租金为172500镑。另外，需要说明的是，复辟初年，关税本来继续由关税税收委员会直接征管。然而，根据议会1660年颁行的新桶税和镑税税率册，估计每年能够带来400000镑收入的关税，实际收入额却只有300000镑左右，只有预计额的7.5%。因此，复辟政府才又实行了关税的包税制。参见D. Ogg, *England in the Reign of Charles II*, Vol. II, p. 421。

关税管理工作更趋复杂，[1]但随着商业扩张政策的实施和关税管理体制的改进，在关税税收委员会的直接管理下，关税收入有显著增长。

表2-8 1671—1688年关税收入统计

时 间	收入额
1671年	335463镑6先令0.5便士
1672年[a]	551407镑13先令9便士
1673年	574118镑2先令8便士
1674年	425889镑18先令5便士
1675年	729770镑5先令9便士
1676年	565675镑
1677年	683192镑
1678年	567058镑
1679年	528148镑17先令4便士
1680年	575253镑12先令1便士
1681年	537477镑10先令8便士
1682年	558346镑2先令
1683年	591653镑17先令2.5便士
1684年	544665镑4先令9便士
1685年	485105镑10先令6便士
1686年[b]	1012950镑13先令0.75便士
1687年	942292镑1先令8便士
1688年	929770镑7先令7.25便士

资料来源：W.A. Shaw (Prepared), *Calendar of Treasury Books, 1681—1685*, Vol. VII, Part. I, London: His Majesty's Stationary Office, 1916, pp. xvi—xvii; W.A. Shaw (Prepared), *Calendar of Treasury Books, 1685—1689*, Vol. VIII, Part. I, London: His Majesty's Stationary Office, 1923, p.

[1] 1660年的桶税和镑税法案，只列出了三类桶税和镑税，即进口酒类的桶税、进口货物的镑税、古老的羊毛关税。1680年代，桶税和镑税的课征范围有所扩大。安妮女王时期，课征范围再次扩大。新增加的桶税和镑税，有的是对既已课税货物的追加课税，有的是对以前未曾课税货物的课征。这时，进口20先令法国纸张，需要缴纳13种不同的关税。"1784年，英国海关有100种不同的关税账目记录。"后来，随着禁运、检疫和各种海关禁律的实施，关税的征管更加复杂。参见M.J. Braddick, *The Nerves of the State: Taxation and the Financing of the English State, 1558—1714*, p. 58。

xxv; British Library Additional Manuscript, 29990, f4.

a 1671年起，开始对酒类和醋课征关税，一直到1681年。另外，根据殖民地贸易法案，还对烟草等课征新的关税。因而，自1672年起，关税收入迅速增加。

b 1686年后，关税收入迅速增长的原因，是对酒类和醋、烟草和糖、亚麻布和白兰地课征了新的附加税。另外，根据W.A.肖的统计数据，1686—1688年的关税年均收入为1008102镑7先令2.33便士。参见W.A. Shaw (Prepared), *Calendar of Treasury Books, 1685—1689*, Vol. VIII, Part. I, London: His Majesty's Stationary Office, 1923, p. xxv.

其次，消费税收入稳中有升。王权复辟之后，尽管反对消费税课征者仍然大有人在，[①]但消费税继续课征。经议会批准，一部分消费税国王可世袭课征。议会之所以如此慷慨，是因为国王取消监护法庭后丧失了监护权收入；因此，这部分消费税其实是对国王丧失的封建特权收入的补偿。另一部分消费税国王可终身课征，用于政府日常支出的维持。这部分消费税的课征对象，主要是麦芽酒、啤酒、烈酒、咖啡、巧克力、冰冻果子露和茶。[②]国王及其政府非常"珍惜"议会给予的消费税的权力，总是力图课征新的消费税，以增加日常岁入。

在王权复辟后较长一段时间内，消费税的征收管理也主要实行包税制，这一点与关税相同。但不同的是，消费税的征收需要地方人士的大力支持，所以，起初国王总意欲把消费税包给那些能得到地方行政长官扶持者，而不是投标价格最高者，各地消费税的包税因此多落入地方士绅之手。然而，各地包税士绅虽然能够得到地方行政长官的支持，但缺乏专业征税经验，因此，估征税方式多遭到民众反对。1674年以后，随着包税租金的增加，地方士绅无力提前支付数额巨大的包税租金，结果，包税开始主要落入大商人和金融家手中。大商人和金融家们的估征税方法相对"专业"，因此，消费税收入逐年增加，1677—1678年，消费税毛收入年均高达628496镑17先令3便士。

消费税包税制的缺点与关税包税制基本相同，因而，1671年关税包税制废除，关税收入因此有了大幅度增加后，消费税包税制的缺点就显得更加突出。1683年，消费税包税制最终废除，改由消费税税收委员会

① 反对课征消费税者认为：消费税的税收负担不容易被民众觉察，它的永久性课征必然会侵害议会的税收权，进而危及英国的宪政自由，侵犯民众的个人自由，损及英国的工业和贸易。参见W. Kennedy, *English Taxation 1640—1799: An Essay on Policy and Opinion*, p. 62。

② D. Ogg, *England in the Reign of Charles II*, Vol. II, p. 421.

直接征管。之后，消费税税收额稳中有升。

表2-9 1661年复活节至1685年6月消费税收入统计

时　间	收入额	时　间	收入额
1661—1662年[a]	261051镑	1671—1672年	436958镑
1662—1663年	253173镑	1672—1673年	440324镑
1663—1664年	357302镑	1673—1674年	384624(?)镑
1664—1665年	316886镑	1674—1677年	1408278镑
1665—1666年	251436镑	1677—1680年	1570097镑
1666—1667年	273563镑	1680—1681年	377061镑
1667—1668年[b]	360562镑	1681—1682年	419596镑
1668—1669年	328716镑	1682—1683年	417045镑
1669—1670年	280470镑	1683—1684年	392289镑
1670—1671年[c]	292940镑	1684—1685年	482680镑

资料来源：W.A. Shaw (Prepared), *Calendar of Treasury Books, 1681—1685,* Vol. VII, Part. I, London: His Majesty's Stationary Office, 1916, p. xvii; W.A. Shaw (Prepared), *Calendar of Treasury Books, 1685—1689,* Vol. VIII, Part. I, London: His Majesty's Stationary Office, 1923, p. xxv.

a 1662—1667年，以复活节为统计期。

b 1667—1685年，以每年的6月为统计期。

c 1671年以后，消费税收入迅速增加，主要原因是1671—1680年，开课了临时性的啤酒额外消费税。

表2-10 1686—1688年（米迦勒节）消费税净收入统计

时　间	收入额
1686年	621984镑9先令0.75便士
1687年	696691镑10先令5便士
1688年	750441镑4先令10.25便士

资料来源：British Library Stowe Manuscript, 314.

再次，炉灶税开始课征，并且成为财政收入的重要来源之一。王权复辟后，议会主要以课税的形式每年批拨给国王1200000镑，但所拨款项的征收因为各种原因不尽如人意，最终征得的数额仅为议会计划批拨额的75%，为了弥补国王财政收入的不足而开课炉灶税。另外，当时第二次对荷兰的战争已箭在弦上，一触即发，这也需要课征新的税种。国王财政过于短绌，无论是对国王个人，还是对整个国家，都极为不利。查理二世为了增加岁入亲临议会演讲，他鼓动说："我的胸中已燃烧起爱国主义的烈火，我们不能再坐视荷兰人的咄咄逼人。我呼吁议会赶快拨出巨款，建造新式舰艇，我已经听见了英荷再战的隆隆炮声。"在诸多因素的推动下，议会决定课征炉灶税，为国王及其政府开辟可靠的收入源。最终，炉灶税于1662年5月19日开征。

炉灶税课征之初（1662—1664年），其征管由各郡的郡长负责。各郡的治安官逐户登记房屋内灶炉的数目，并编造成册，以之作为课征凭据。凡年租金收入20先令以上或房内动产价值10镑以上的现居住房屋，一律按每个炉灶2先令的标准纳税。征税结束后，治安官把税册和所敛税收交给郡长，再由郡长把税款送交国库。这期间，郡长上交的炉灶税税额总低于中央政府的预期，1662—1663年，各郡郡长上交的炉灶税只有34080镑。[①]

为此，议会通过法案，剥夺了郡长及地方官员的炉灶税征收权，1664年以后，炉灶税改由国库派遣的收入总长征管。然而，炉灶税的税收额并未因此而有所增加，预期税收额为170000镑，而实际课征到的净税收额却只有115000镑，一直到1667年，炉灶税的税收额依旧不足200000镑。[②]

1668—1684年，炉灶税的课征主要实行包税制。1668年，炉灶税

[①] W.A. Shaw (Prepared), *Calendar of Treasury Books, 1681—1685*, Vol. VII, p. xxi. 炉灶税每年课征两次，征收结束日期分别为米迦勒节和天使报喜节。炉灶税的预计收入额为每次80000镑。参见M. Jurkowiski, C.I. Smith & D. Crook, *Lay Taxes in England and Wales, 1188—1688*, p. lxii. W.A.肖有不同的看法，他认为，炉灶税课征之初，议会认为它每年可带来170603镑12先令的收入。参见W.A. Shaw (Prepared), *Calendar of Treasury Books, 1681—1685*, Vol. VII, p. xx。

[②] 以上有关炉灶税的数据来源于：D. Ogg, *England in the Reign of Charles II*, Vol. II, p. 429；M.J. Braddick, *The Nerves of the State: Taxation and the Financing of the English State, 1558—1714*, p. 102。

开始实行包税制。①然而，首次包税并不太成功，不得已复行直接管理制。可是，税收额依旧没有明显的增长。1674年，炉灶税的征管再次实行包税制，包税期为1674—1679年，年包税租金为151000镑。②1679年，包税到期时，丹比勋爵再次把炉灶税包出，包税期仍为5年，年包税租金为162000镑，每半年上交一次。该次包税与以前有所不同，即炉灶税"于公元1679年包给特兰特先生征收以前，其最终总计数也未予以公布，而特兰特先生根据合同则必须公布所征收到的总数"③。而且根据包税契约规定，包税商人须于1679年6月24日前先行分批上交150000镑，作为包税的担保。此外，包税商人征收到的超出包税租金的炉灶税税收额，要按照每镑12便士的比例上交。④

1679—1684年炉灶税包税期间，国王和包税商人之间就超出包税租金的上交部分产生了激烈争论。结果，1684年时炉灶税包税制最终被废除。自此起到1689年炉灶税被取消，炉灶税一直处于炉灶税和消费税税收委员会的直接管理之下。

炉灶税的课征实行直接管理后，税收额不断增加。"自1684年米迦

---

① 学界对炉灶税的首次包税时间认识不一。M.杰克沃维斯基等人认为，炉灶税首次包税的实施时间是1668年2月。参见M. Jurkowiski, C.I. Smith & D. Crook, *Lay Taxes in England and Wales, 1188—1688*, p. lxii。而M.J.布拉迪克和C.D.钱达曼则认为是1666年。参见M.J. Braddick, *The Nerves of the State: Taxation and the Financing of the English State, 1558—1714*, p. 102; C.D. Chandaman, *The English Public Revenue 1660—88*, Appendix II, p. 316。D.奥格却认为是1667年。参见D. Ogg, *England in the Reign of Charles II*, Vol. II, p. 429。此处从M.杰克沃维斯基的说法。

② 除去提前上缴的包税租金的利息等，1674年米迦勒节至1679年天使报喜节期间，财政署的炉灶税年均净收入为144550镑。参见C.D. Chandaman, *The English Public Revenue 1660—88*, p. 101。

③ [英]查尔斯·达维南特：《论英国的公共收入与贸易》，第2页。

④ 另据资料记载，按照契约，包括安东尼·罗在内的包税商人集团，需要分别于1678年8月25日交10000镑、1678年10月1日交20000镑、1678年11月1日交20000镑、1678年12月1日交20000镑、1679年1月1日交15000镑、1679年2月1日交20000镑、1679年3月25日交10000镑、1679年6月24日交35000镑。国王为了提前获得包税租金，需按照8%的利率支付利息，利息从包税租金中扣除。参见W.A. Shaw (Prepared), *Calendar of Treasury Books, 1676—1679*, Vol. V, p. 1151（1678年10月30日记载）；C.D. Chandaman, *The English Public Revenue 1660—88*, p. 101。

勒节到1688年天使报喜节，年均收入额约为216000镑"，[1]而炉灶税实行包税制时的1679年米迦勒节到1684年的天使报喜节，年均净收入只有157000镑。[2]

尽管炉灶税的课征遭到了民众的强烈反对，但随着征收管理制度的不断改进，总的说来，复辟时期的炉灶税收入不断增加，成了财政收入的重要组成部分。

表2-11　　　　1662—1688年（米迦勒节）炉灶税收入统计

时　间	年均收入额
1662—1664年	115000镑
1664—1666年	112500镑
1666—1669年	103228镑
1669—1674年	145000镑
1674—1679年	144495镑
1679—1684年	156862镑
1684—1688年	216000镑

资料来源：C.D. Chandaman, *The English Public Revenue 1660—88,* Oxford: The Clarendon Press, 1975, p. 322.

最后，王权复辟以前就已经课征的议会补助金、固定税额税和人头

---

① C.D. Chandaman, *The English Public Revenue 1660—88*, p. 106.有关炉灶税课征管理的细节问题可参阅W.A. Shaw (Prepared), *Calendar of Treasury Books, 1685—1689*, Vol. VIII, p. 380（1685年10月20日记载）、p. 494（1685年12月21日记载）、p. 1661（1687年12月13日记载）、p. 1861（1688年4月15日记载，记录了官员的薪俸情况）。

② C.D. Chandaman, *The English Public Revenue 1660—88*, p. 106. C.D.钱达曼同时指出，157000镑是财政署的账目记载，而当时包税商人对上交的包税租金记载是211000镑。他认为包税商人的记载更为可信。有关炉灶税包税租金的统计数据，资料记载不尽一致。W.A.肖的炉灶税净收入数据是：1668年复活节至1669年复活节为82376镑、1669年复活节至1670年复活节为82376镑、1670年复活节至1671年复活节为194946镑、1671年复活节至1672年复活节为86261镑、1673年12月至1674年米迦勒节为224189镑、1674年米迦勒节至1675年米迦勒节为170676镑、1675年米迦勒节至1676年米迦勒节为186114镑7先令2便士、1676年米迦勒节至1677年米迦勒节为204623镑13先令9便士、1677年米迦勒节至1678年米迦勒节为168319镑3先令8.5便士、1679年米迦勒节至1684年米迦勒节为734813镑14先令3.5便士。W.A. Shaw (Prepared), *Calendar of Treasury Books, 1681—1685*, Vol. VII, p. xxi.

税等议会直接税，虽然在税负分配、征收管理等方面，都不同程度地存在着一些问题，但是，总的看来，它们仍然是财政收入的重要来源。

议会补助金在整个复辟时期的课征次数较少，但依然带来了一定数量的财政收入。议会补助金在都铎王朝和斯图亚特王朝早期曾经频繁课征，然而，因为税收额不断下降，复辟以后渐少课征。在查理二世统治时期，议会补助金只课征过两次。1663年7月21日，议会首次批准国王查理二世课征4笔补助金，其中2笔于年内课清。本次补助金的课征起点和税率与以前大体相同。课征起点为土地年收入20先令或动产价值3镑，税率为土地收入每镑4先令，动产按其价值每镑2先令8便士。不仅课征起点和税率，课税程序及征收管理特点也与以前大体相同：都制定有估税册和征税册；估税额都普遍较低；征收进程都极为缓慢，当时的税收编年册表明，1663年补助金的征收一直拖延到1668年。有鉴于此，查理二世抱怨说："年收入高达3000镑和4000镑者，所缴的补助金竟然不到16镑。"①这其中的主要原因是，议会补助金的缴纳者本身又是各地的估税员，自估自身之税，结果必然如此。因为该次补助金的这些特点，一些史学家认为，查理二世的补助金是"都铎—斯图亚特王朝补助金的复活"。②不过，尽管此次补助金的税收额不太理想，它还是带来了约221000镑的收入。

1671年的议会补助金也给国王带来了不少收入。是年3月6日，议会又一次批准国王课征议会补助金，课征期为一年。这次议会补助金的税率有所变化。一方面，降低了不动产的税率，减为每镑1先令。另一方面，提高了薪俸和动产的税率，其中，政府职位占有者的薪俸和各类费用收入的税率为每镑2先令，动产按其价值每100镑课税6先令，银行家即那些靠存贷差额获利者，按其贷出款额纳税，每100镑课税15先令。银行家贷出的款额，不仅包括他们在国内外的贷款额，还包括贷与国王的款额。

鉴于1671年议会补助金在课征税率上与以前的不同，时人多称之为

---

① D. Ogg, *England in the Reign of Charles II*, Vol. II, p. 435.

② M. Jurkowiski, C.I. Smith & D. Crook, *Lay Taxes in England and Wales, 1188—1688*, pp. lx—lxi.

"新补助金"。C.D.钱达曼博士认为，此次补助金是"整个复辟时期，下院在直接税课征方面，最富创建、最为实际公正的构想"。[①]。

该次议会补助金的征收管理也有较大变化，在各郡实行了"三层分级模式"的管理。各郡的补助金税收委员会，总体上负责本郡的补助金征收事务。下设的收入长和收入总长，各负责其征收范围内的征税事宜。由治安官或镇长委任的两名当地富有市民，负责本教区或市镇的估税。1671年的议会补助金虽然没能带来国库预期的800000镑收入，但最终的实际税收额约为353000镑，[②]与当年的关税相当。

在1679年以前的复辟时期，固定税额税是最经常课征，也是带来收入最多的议会直接税。这时的固定税额税仍然是把议会批准的税收总额首先按一定比例分配到各郡，然后再由各郡分配到百户区、教区和市镇。为了足额课征到分摊的税额，税收委员会成员分赴各地，确定土地收入或动产的课税税率。凡不动产年收入20先令以上者，或者动产价值3镑及以上者，均需纳税。

在查理二世统治时期，固定税额税的课征虽然引起了下院的极度不满，但是在绝大部分时间里，它一直持续课征。经议会批准，查理二世先后共课征固定税额税14次。[③]

1660年代是复辟时期固定税额税收入最多，也是税收负担最为沉重的时期。查理二世征敛的第一个固定税额税，实际上是议会在1660年1月26日批准的月税。因为各种原因，该次月税没有如期征收。王权复辟后，该次月税继续课征，而且征收力度进一步加大。值得一提的是，议会批准的这个70000镑的月税额，是之后6次月税的课征额度标准。1660年9月13日，为了满足国王本月的财政支出需求，以及两个月内的陆海军开支需要，议会首次批准查理二世课征月税，月税额为70000镑，为期2个月。该次月税的征管方式与共和国时期相同，而且其最高领导机构月税征收委员会的成员，也基本没有变化。1660年12月29日，议会又

---

① C.D. Chandaman, *The English Public Revenue 1660—88*, p. 149.

② M. Jurkowiski, C.I. Smith & D. Crook, *Lay Taxes in England and Wales, 1188—1688*, p. lxi.

③ 有关固定税额税的资料，主要来源于M. Jurkowiski, C.I. Smith & D. Crook, *Lay Taxes in England and Wales, 1188—1688*, pp. lvi—lviii。

批准了一个总额为420000镑的拨款，为期6个月，每个月征税70000镑。同时，议会还批准国王可以在1661年8月另外课征一笔额度为70000镑的税款。1661年12月20日，议会再一次批准国王课征月税，每次月税的税额为70000镑，连续课征18个月，总额为1260000镑。在征收方式上，这次月税与以前没有多大差别，但不同的是，它由另一个税收委员会负责课征。

1665—1668年对荷兰的战争，使得本就格外沉重的固定税额税负担进一步加重。为筹措军费，1665年2月9日议会批准了总额为2477500镑的税款，并委婉地冠名为"国王的援助"。该次税款的课征期为3年，每月计课额为68819镑9先令。税收课征的缘由及税额的分配，都经过下院设立的委员会的调查。该委员会指出，税收课征的主要理由，是为满足建立海军的财政支出需要，税额应由各郡分摊。在该次固定税额税开始课征后不久，议会就又在1665年10月31日批准国王另外课征一笔"额外补助金"，课征期为2年，税收总额高达1250000镑。与2月9日的税额相比，10月31日的月税额度有所减少，因为伦敦当时饱受瘟疫和火灾的摧残，再也无力承担以前额度的月税。[①]1668年2月8日，即在1665年2月9日的固定税额税征收刚刚结束，1665年10月31日的固定税额税征收也才结束几个月，议会就再次批准课征总额为1256347镑13先令的固定税额税。该次税收的课征结束期为1669年2月，月课征额约为114213镑。

显而易见，1660年代固定税额税频繁课征的后果，是民众直接税税负的空前增加。1660年代中期对外战争期间，诺福克郡（不包括炉灶税）的议会直接税是1590—1614年和1621—1629年的13倍之多，其中的80%来自固定税额税。1660年代柴郡的税负（包括炉灶税）是1620年代的19倍，与1590年代相比，税负增长倍数更多。与诺福克郡类似，柴郡

---

① 需要说明的是，尽管1665年10月31日的月税税额与之前相比有所减少，但这并不意味着英国民众的税收负担减轻了。因为，在未来两年内，不但要继续缴纳1665年2月9日的月税，还要缴纳1665年10月31日的月税（月缴纳税额为52083镑6先令8便士）。也就是说，英国民众在1665年10月31日以后的两年内，每月应缴纳120902镑15先令8便士的月税。参见M. Jurkowiski, C.I. Smith & D. Crook, *Lay Taxes in England and Wales, 1188—1688*, pp. lvi—lviii。

税负的2/3也来自固定税额税。①

　　与1660年代相比，1670年代固定税额税的课征频率和课税总额虽然有所下降，但税负仍然十分沉重。1673年3月29日，作为两年前课征的议会补助金的补充，议会批准了一个课征持续期长达18个月的月税，月税额为68819镑9先令，总额计1238750镑。值得注意的是，以后课征的固定税额税的月税额，均以此为参照。例如为了满足对法战争建造和装备战船的财政需要，于1677年4月16日课征的月税，税收总额为584978镑2先令2.5便士，分17个月征收，因此，每个月的税额为34410镑9先令6.5便士，是1673年3月29日月税额的一半。又如1678年7月15日议会批准课征的两个用途不同的固定税额税。其中之一名曰"遣散军队的补助金"，持续课征期为6个月，每个月的税额为34410镑9先令6.5便士。另外一个固定税额税主要用于债务的偿还和国王侄女的嫁妆费，持续课征期为12个月，月税额也为34410镑9先令6.5便士。议会最后一次批准查理二世课征固定税额税的时间是1679年5月9日，持续课征期为6个月，月税额依然是34410镑9先令6.5便士。

　　由上可见，复辟时期的1660—1679年间，固定税额税是最为重要的议会直接税，固定税额税收入在财政收入中占有极其重要的地位。

　　人头税是一种以人身为课税对象的税种。与以前的人头税有所不同，复辟时期的人头税，不仅按照统一的税率，对普通民众课税，还根据社会地位、职位和官位的等级，以不同的税率征税。另外，复辟时期人头税的课征对象主要是动产，而不是不动产。因为，时人认为，固定税额税和补助金对土地的课税过重，作为矫正之举，人头税应该主要对动产课税。这意味着，复辟时期的人头税逐渐从对头衔和等级课税，转向对所得和财产课税。

　　人头税在复辟时期虽然只课征过3次，但是却带来了70余万镑收入。议会首次批准课征人头税的时间是1660年8月29日。此次人头税课征中，贵族按爵位课税，"公爵和大主教100镑，伯爵60镑，准男爵30

<hr>

① M.J. Braddick, *The Nerves of the State: Taxation and the Financing of the English State, 1558—1714*, p. 96.需要说明的是，这时的固定税额税兼具了十五分之一和十分之一税的税额固定以及补助金按照一定税率估税的特点。

镑，候补骑士10镑"；①医生、律师、教士、商人、王室官员、伦敦市政要，则按职业课税。任何人只要土地年收入或动产价值不低于5镑，就应按5%的税率纳税。土地年收入或动产价值不足5镑，而且年龄大于16岁，又不靠救济生活者，每人应缴纳12便士的人头税。不满16岁者，纳税额减半，每人缴纳6便士。寡居者缴纳其夫应纳税额的1/3。到1664年米迦勒节前后，实际课征到的人头税额约为221000镑。②1667年，因对荷兰战争的财政急需，议会再次批准查理二世课征人头税。本次人头税按照社会等级或职业课税，税率大为降低，为1660年人头税的一半。债务的课税率为每100镑20先令，领取年金者的课税率为每镑3先令，职位占有者的课税率为每镑1先令（不交月税的职位占有者为每镑3先令）。教士也按照职业课税，而且对高级教士的课税实行累进税率。对于那些不按照社会等级、职业、债务或职位课税者，不实行累进税率，每人均需缴纳1先令的人头税。本次人头税的净收入为246000镑。③1678年3月20日，为筹措对法战争的军费，议会第三次也是最后一次批准查理二世课征人头税。该次人头税不但按社会等级课税，而且对商人的课税还划分了诸多不同门类，税率也有提高。结果，本次人头税的净收入额有所增加，总额约为261000镑。④

综上可见，复辟时期，特别是查理二世统治时期，尽管议会直接税

---

① D. Ogg, *England in the Reign of Charles II*, Vol. II, p.436.

② C.D. Chandaman, *The English Public Revenue 1660—88*, p.176. 此外，C.D.钱达曼指出，221000镑是人头税的净收入额，毛收入额应为227000镑。M.杰克沃维斯基和M.J.布拉迪克有关1660年人头税的统计数字也是227000镑。参见M. Jurkowiski, C.I. Smith & D. Crook, *Lay Taxes in England and Wales, 1188—1688*, p.257; M.J. Braddick, *The Nerves of the State: Taxation and the Financing of the English State, 1558—1714*, p.104. 不过，M.J.布拉迪克和S.道尔还给出了另外一个1660年人头税毛收入的数据——252167镑。参见M.J. Braddick, *The Nerves of the State: Taxation and the Financing of the English State, 1558—1714*, p.235; S. Dowell, *A History of Taxation and Taxes in England*, Vol. II, p.31。

③ M. Jurkowiski, C.I. Smith & D. Crook, *Lay Taxes in England and Wales, 1188—1688*, p.268; M.J. Braddick, *The Nerves of the State: Taxation and the Financing of the English State, 1558—1714*, p.104.

④ M. Jurkowiski, C.I. Smith & D. Crook, *Lay Taxes in England and Wales, 1188—1688*, p.273; M.J. Braddick, *The Nerves of the State: Taxation and the Financing of the English State, 1558—1714*, p.104.

存在着种种缺陷，特别是在征收管理上相当滞后，但它仍然是财政收入的重要来源。具体数字参见表2-12。

表2-12 　　　　 1660—1688年（米迦勒节）直接税收入总额统计

时 间	年均收入额
1660—1664年	1812158镑
1664—1668年	4176171镑
1668—1672年	1283833镑
1672—1676年	1223557镑
1676—1680年	1513823镑
1680—1685年	124874镑
1685—1688年	9780镑

资料来源：C.D. Chandaman, *The English Public Revenue 1660—88,* Oxford: The Clarendon Press, 1975, pp. 328—329.

总之，与1642年以前相比，复辟时期在财政收入构成上发生了明显变化。议会税收收入在财政收入中的比例迅速提高，而国王的个人收入却因为封建特权的废除和王室地产面积的减少而日渐萎缩，所占比例还不到10%。具体参见表2-13。

表2-13 　　　　 财政收入构成及比例（1661—1688年）

时 间	1661—1685年	1686—1688年
总收入	4106.6万镑	592.5万镑
年均收入	164.264万镑	197.5万镑
国王收入比例	5.41%	6.97%
议会直接税收入比例	33.39%	11.8%
议会间接税收入比例	56.66%	80.10%
王室财产出卖收入比例	4.33%	0.96%
铸币收入比例	0.02%	0.17%

资料来源：M.J. Braddick, *The Nerves of the State: Taxation and the Financing of the English State, 1558—1714*, Manchester and New York: Manchester University Press, 1996, p. 10.

以上数据主要说明了两点。其一，议会已在很大程度上确立了对财政收入的控制权；其二，国王事实上再也不能像以往那样主要靠自己的个人收入生活，对议会税收的依赖性日益加强。这两点正是复辟时期的财政体制与"王室财政"体制在财政收入构成上的根本不同之处，同时，这也正是与议会财政体制的主要相同之处。

然而，这并不表明"王室财政"体制在财政收入方面的所有特征已在复辟时期完全消失了。事实上，"王室财政"体制的某些特征依然存在。

首先，表现在财政思想观念上。17世纪中后期，以威廉·配第为代表的一些经济学家仍然认为，国王应该"依靠自己生活"。他在《赋税论》"论各种征税方法"一章指出，应"划一部分领土为王领地，以供各种公共开支之用"[1]。这就是"王室财政"体制下的旧思想观念残余的典型体现。

其次，表现在对财政收入用途的划分上。复辟时期，根据用途不同，财政收入可分为两类。一类是用于维持国王日常财政开支的财政收入。这类收入主要来源于关税、消费税和炉灶税。一类是在财政急需之时方才课征，并用于特定目的的税收，这些税收主要包括固定税额税、补助金和人头税。复辟时期，这些税种都还不是"常税"。这种划分方式无疑是对"王室财政"体制下将财政收入划分为正常收入和特别收入两类之划分模式的承袭。当然，划分的前提是截然不同的，复辟时期的划分是建立在议会已基本上掌握了所有税收课征权基础上的。

最后，表现在议会对间接税的控制权还有待加强上。议会拨给国王每年用于日常开支的120万镑，主要来自关税和消费税收入，而这些税收一经议会批准，国王便可终身征收。因此，议会虽然拥有这些税收的课征批准权，但是又缺少平时进行实际控制的操作权，议会对间接税的控制权因此大打折扣，还有待加强。而且批准国王可终身课征关税和消费税，还奠定了詹姆斯二世财政相对独立的基础，也为其试图加强专制王权提供了财政收入上的保障。

---

① [英]威廉·配第：《赋税论》，载威廉·配第《配第经济著作选集》，第36页。

第四节 "光荣革命"后至18世纪 早期的财政体制

从1688年"光荣革命"到18世纪早期是第四阶段。抛开财政体制的其他方面不谈，在这一阶段，随着最终成为"常税"的土地税的开课，以及议会对间接税控制的加强，财政收入在构成上进一步发生了有利于议会的变化。结果，议会率先在财政收入领域建立起了议会财政体制。

土地税实质上是固定税额税和直接估税的补助金二者结合的产物。1688年"光荣革命"后，国家财政短绌，为此，议会直接税再次实行固定税额税制。鉴于1689年固定税额税课征的成功，1690年和1691年，议会分别批准了持续课征期均为12个月，税收总额为1614000镑的月税。[1]然而，由于税负过重，这两次固定税额税都招致了普遍抵制，致使议会决定采取新的课税形式。

1692年新开课的议会直接税被称为"捐贡"。与固定税额税不同，"捐贡"不再明确规定课征的固定税额，而是根据财产数额，按照一定的比例，估税课征。[2]首次"捐贡"的税收额为1922000镑，[3]可谓绩效卓著。然而不幸的是，之后的税收额即逐年下降，1693年的税收额就比1692年少了10000镑。不得已，议会于1697年再次实行了固定税额税制。

不过，值得注意的是，1692—1697年的6年间，捐贡的课征对象发

---

① M.J. Braddick, *The Nerves of the State: Taxation and the Financing of the English State, 1558—1714*, p. 98.

② 对"捐贡"的课征，本书第七章有较为系统的论述。

③ M.J. Braddick, *The Nerves of the State: Taxation and the Financing of the English State, 1558—1714*, p. 97. 对首次"捐贡"的税收额，学者们的统计数据不尽相同。B.E.V.萨拜因的统计数据为2000000镑。参见B.E.V. Sabine, *A History of Income Tax*, p. 16。W.R.沃德的统计数据则为1922713镑。参见W.R. Ward, *The English Land Tax in the Eighteenth Century*, London: Oxford University Press, 1953, p. 8。

生了重大变化，演变为了主要对土地收入课税。因而，1697年再次实行固定税额税制时，它被命名为"土地税"。

土地税在课征税额既定这一点上，与固定税额税相同。税额既定的优点显而易见，即它的征敛较为迅捷，而且税收额也比较理想。"1688—1714年间，英国财政收入总计122000000镑，其中的46000000镑来自土地税。"[1]同时，土地税又与固定税额税不同，它保留了"捐贡"按财产价值估税课征的办法，即各地根据自己分摊的税额，结合财产数额，自定税率。如此，土地税的税负分配相对较为合理。此外，这里需要强调的是，以土地税为主的议会直接税的课征权，一直牢牢地控制在议会手中，因而，随着土地税的课征因支出需求的增加而渐趋经常，并最终成为"常税"，议会对财政收入的控制权进一步增强。

议会对财政收入控制的加强，还表现在对间接税控制的强化上。"光荣革命"后，议会经过审慎考虑，没有明确规定每年给国王的拨款数额，而是把关税税收中收入最多的桶税和镑税批拨给国王。当时，桶税和镑税的预计收入为577507镑。[2]然而，与以前不同的是，议会没有授予国王桶税和镑税的终身课征权，而只是批准威廉三世有权课征4年（1694年又改为5年）。议会的这一做法标志着它对间接税控制的加强。

事实证明，议会的这一做法是极有见地的。1688—1702年，关税收入为1320万镑，[3]其中，"1690年代，关税年收入约100万镑"[4]。因而，如果像以前那样授予国王关税的终身课征权的话，议会财政体制在财政收入领域的建立，可能还有待时日。

---

① M.J. Braddick, *The Nerves of the State: Taxation and the Financing of the English State, 1558—1714,* p. 99. 另外，P.G.M.迪克森指出：1688—1702年，土地税收入为1920万镑。参见P.G.M. Dickson, *The Financial Revolution in England: A Study in the Development of Public Credit,* New York: St Martin's Press, 1967, p. 47.

② H. Roseveare, *The Financial Revolution, 1660—1760*, p. 31.

③ M.J. Braddick, *The Nerves of the State: Taxation and the Financing of the English State, 1558—1714,* p. 64.

④ M.J. Braddick, *The Nerves of the State: Taxation and the Financing of the English State, 1558—1714,* p. 64.

议会的这些措施促进了财政收入构成的进一步变化，主要表现在两个方面。

其一，议会税收收入在财政收入中所占的比例进一步提高，与此相应，国王的个人收入占财政收入的比例再次降低，二者分别由查理二世时的90%和10%，调整为1689—1714年的97%和3%。这一比例变化表明，议会对整个财政收入的控制更加巩固。

其二，与复辟时期相比，议会直接税收入在财政收入中的比例有较大提高，从查理二世统治时期的33.9%，詹姆斯二世统治时期的11.8%，上升到1689—1714年的39.98%。议会直接税一直严格控制在议会手中，其收入比例增加的意义不言自明。

表2-14　　　　　　　1689—1714年财政收入构成及比例

时 间	1689—1714年
总收入	119607000镑
年均收入	4600270镑
国王个人收入比例	1.98%
议会批准的直接税收入比例	39.98%
议会批准的间接税收入比例	56.91%
王室财产出卖收入比例	1.09%
铸币收入比例	0.04%

资料来源：M.J. Braddick, *The Nerves of the State: Taxation and the Financing of the English State, 1558—1714*, Manchester and New York: Manchester University Press, 1996, p. 10.

因此，可以说，"光荣革命"后到18世纪早期，议会财政体制已经在财政收入领域率先建立起来。

综上所论，在自诺曼王朝建立到1642年内战爆发的第一阶段，源自各种特定权力和国王个人特权的国王正常财政收入，在财政收入中占据绝对比例优势，而议会批准的直接税收入在财政收入中仅占据较小份额。这种收入构成是"王室财政"体制赖以存在的基础。进入第二阶段，财政收入构成因内战的爆发和议会短暂的胜利而完全改变，财政收入最主要地来自议会税收。但是，这并不意味着议会财政体制已经建立，因为短短的18年中，议会没有充足的时间，也没有足够经验与能力，建立和完善议会财政体制。因而，第二阶段是英国财政体制沿革史上的特殊阶段，具有明显的"暂时性"特征。第三阶段的财政收入构成比例与1642年前恰恰相反，这表明"王室财政"体制赖以存在的收入构成基础正在丧失，而议会财政体制的收入构成基础正在形成。这种收入构成的变化表明，英国财政体制正由"王室财政"体制向议会财政体制转化。在第四阶段，议会强化了对间接税的控制权，与此同时，由其严格控制的直接税收入在财政收入中的比例较之以前有了更大提高。至此，议会财政体制在财政收入领域建立起来。

不过，这里需要特别强调指出的是，议会财政体制在财政收入、财政支出、财政管理等领域的建立时间各不相同，具有极大的不平衡性，绝不能概而论之。总的看来，议会财政体制在财政收入领域建立的时间，要远远早于财政支出和财政管理领域。这主要是因为，在"光荣革命"之后的一个多世纪里，国王虽然"只能在议会广泛限制的范围内"①行使权力，但他毕竟依然拥有强大的权力，特别是拥有作为中央权力主体的行政权，对财政支出和财政管理的控制权依旧十分强大，与议会间展开的争夺财政支出和财政管理控制权的此消彼长的斗争，还要经历一个较为漫长的过程。

---

① [英]哈里·狄金逊：《1688年"光荣革命"的革命性问题》，《世界历史》1988年第6期，第93页。

第三章
中央财政管理机构的沿革

西方学术界关于英国财政管理机构的研究，因为起步较早，档案资料丰富，而且得语言之利，著述甚丰，可谓汗牛充栋。但是，综观这些研究成果，不难发现，西方学者的研究重点，或着重于一个财政部门，如S.B.巴克斯特的《国库的演进，1660—1702年》[①]，或侧重于某一个时段，如H.E.菲斯克的《1688年革命后的英国公共财政》[②]，或注重研究财政部门的财政税收政策，如W.肯尼迪的《1640—1799年的英国税收——政策和观念研究文集》[③]，而从总体上对英国财政管理机构的沿革进行研究的成果相对较少。与西方学界相比，国内学术界的研究相形见绌，相关研究除了散见于部分政治制度通史著作外，仅有寥寥数篇研究都铎王朝时期财政管理制度的论文。因此，无论是为了在西方学术界研究的基础上更进一步，还是为了弥补国内研究的相对不足，有关英国财政管理机构的研究都需要加强。有鉴于此，本章试图对英国中世纪和现代早期财政管理机构的沿革作些探讨。

第一节　中世纪英国中央财政管理机构的兴衰

国库是英国第一个中央财政管理机构。诺曼征服前，王室就已经在温切斯特建立了国库，那时，"国库已能够较为成熟地征敛税款、审核

---

① S.B. Baxter, *The Development of the Treasury, 1660—1702.*

② H.E. Fisk, *English Public Finance from the Revolution of 1688.*

③ W. Kennedy, *English Taxation 1640—1799: An Essay on Policy and Opinion.*

账目和分派现金"。①诺曼征服后，威廉一世承袭旧制，亦设国库于温切斯特。当时，征服者威廉跨海而治，常到欧洲大陆巡游。由于钱物账本等携带不便，便留在国库储存。后来，威廉一世还在大陆设立了鲁昂国库和法莱士国库。在所有国库中，温切斯特国库最为重要，《末日审判书》即由该国库编撰和保存，故《末日审判书》又被称为《温切斯特书》。国库首脑国库大臣是日薪5先令的"头等报酬官员"，②下设国库司库两名。国库大臣并不能独断财政管理事宜，他受国王代理人——政法官或由男爵和王室要员组成的委员会——的监督和制约。代理人常一年两次前往温切斯特国库审核账目。国王代理人对国库的监督审核，标志着国王对国库控制的加强。

从这种审核与被审核的关系中，逐渐诞生了一个新的财政管理机构——财政署。财政署成立之初，主要处理司法事务，还不是"一个部门或一种制度"，只呈现出一个机构的雏形。③亨利二世即位后，随着财政署官吏的日趋专职化，运作制度的趋于严密，以及办公地点固定于威斯敏斯特，财政署作为一个部门确立下来。与此同时，温切斯特国库的地位开始下降，在失地王约翰"失去诺曼底之前，温切斯特国库已经失去其重要地位，国库中的大部分珠宝现金和专业人员，都迁入并且固定于威斯敏斯特，成为财政署的下属部门……一直到17世纪后半期，'国库'都不再是独立于财政署之外的部门"。④

财政署分为"财政署上部"和"财政署下部"。财政署上部的主要成员有政法官、大法官、私室司库、国库大臣等，他们被称为"财政署男爵"，其主持者为政法官。有时，国王还亲临财政署上部，主持和督察财政署的工作。财政署上部负责财政署事务的商定和指导，解决收支过程中的重大疑难问题和原则性问题。财政署上部保有《国库卷档》。《国库卷档》由国库大臣口述，经卷档记录员——大法官的属员，即后来的财政大臣抄写而成。国库大臣不但在《国库卷档》编撰中起着关键

---

① H. Roseveare, *The Treasury: The Evolution of a British Institution*, London: Allen Lane the Penguin Press, 1969, p. 20.

② H. Roseveare, *The Treasury: The Evolution of a British Institution*, p. 20.

③ H. Roseveare, *The Treasury: The Evolution of a British Institution*, p. 20.

④ H. Roseveare, *The Treasury: The Evolution of a British Institution*, p. 20.

性作用，而且还有权参与财政署的所有要政，任何大事都不得对他隐瞒，其权威横跨财政署上下两部。自15世纪起，国库大臣的职责由其代理人或其委任的财政署国库次臣代行。财政署的国库次臣多从骑士阶层和训练有素的律师阶层中选任，并很快成为国家重臣。

财政署下部主要负责账目登记和现金支出等具体事务的执行，因此，它又被称为"收支部"。财政署下部的主要成员是国库大臣和私室司库的代表。国库大臣的代表主持下部工作，并负责在装有货币的钱袋上加盖封印，登记收入数额、交纳者姓名和交纳项目，把收入数额刻写在木质符契上。私室司库的代表是2名骑士，负责保管货币箱子的钥匙，称量收入的货币，并且监督货币的支出及符契的刻写。在他们之下，是"技艺熟练的衡员和熔银员，负责计算和记账的4名现金出纳员"[1]、验银员、木码制作员、警卫和入库向导等。

财政署在亨利二世统治后期，以及理查一世和"失地王"约翰时期，获得了迅速发展，全国财政收入的大部分由其掌管。亨利二世时，财政署掌管的财政收入约为3.5万镑，与威廉一世统治时期相比，几乎增加了1倍。13世纪时，财政署通过百户区调查和司法权调查，改善和加强了财政管理，账目分类愈细，账册簿记增加，工作量日增。相应的，随着财政署官员逐渐走向专业化，"亨利三世统治时期，大法官不再参与财政署事务，其属员成为财政大臣"[2]。在财政管理职能迅速加强的同时，财政署的司法职能也日益发展，所有财政诉讼活动都由财政署法庭审理。

然而，财政署的发展绝非一帆风顺，因为中世纪英国的财政管理中心是国王及其王室。在"王室财政"体制下，各财政部门的兴衰沉浮和职权范围的增减，总因国王个人的好恶或者形势的变化而发生改变。当某一部门的官僚组织趋于完善，特别是当其形成了自身的运行机制，独立性日趋加强，与国王的个人意志发生冲突，并进而意欲摆脱国王的个人控制时，国王总是更愿意利用自己的王室近侍进行管理，形成个人政府，13世纪中期的财政署衰落和锦衣库兴起即是典型例证。

---

[1] H. Roseveare, *The Treasury: The Evolution of a British Institution*, p. 23.

[2] T. L. Heath, *The Treasury*, p. 26.

亨利三世统治之初，为了改善窘迫的财政状况，任命普瓦提埃人彼得·德·里沃为锦衣库监督，避开财政署，管理财政收支事宜，权势日盛。锦衣库可以通过符契借款。债权人持锦衣库所发行的符契，到各郡的郡长处取走货币，之后，郡长再持符契到财政署结算。结果，财政署就变成了一个结算部门，锦衣库才是真正的财政收支机构。与此相应，国库大臣也沦落为一个日常财政事务的管理者。

由于锦衣库带有明显的国王个人统治色彩，因而招致了一些封建贵族的反对，他们力图限制和削弱锦衣库的权力。在国王和封建贵族的冲突与斗争中，锦衣库的权力下降，一些财政权限被财政署和私室收回。

14世纪时，财政署的权力有所恢复，日常工作在御玺（Privy Seal）发出的令状指令下进行。14世纪20年代，财政署进行了内部改革，一改过去一应收支均记于一处的账目记载方法，把各郡的收入和债务收入分而入账，账目清楚可查。同时，锦衣库也把得自财政署的款项按季造册，每年向财政署汇报。财政署管理的财政收入也有所增加，"1374—1375年度，财政署共收入11.2万镑"。[1]14世纪前后，财政署官员的成分也发生了较大变化。之前，负责财政署的卷档记录和账目审核的多为教界人士；之后，俗界人士增加。"1340年，国库大臣一职首次由非教职人员担任，1410年，财政大臣职位也落入了世俗人士手中。"[2]

除财政署外，私室是当时另一个重要的财政机构。私室原为国王寝室，其成员陪伴国王左右，随时秉承王命，颁发各类证书和令状，处理各种事务，并就地征用款项，然后将征用账单送交财政署，以便在有关账目上作相应扣除。爱德华二世统治时期和爱德华三世统治时期的1356年以前，"曾经对私室的'财政管理职能'进行了卓有成效的运用"。[3]爱德华四世在位期间，通过提高不向财政署负责的"外部"审核员的地位，削弱了财政署的财政权，进一步强化了私室的财政管理职能。"原本由财政署管理的许多王室地产，转而由一些'外部'审核员管理"，

---

① 马克垚：《英国封建社会研究》，北京大学出版社1992年版，第286页。

② H. Roseveare, *The Treasury: The Evolution of a British Institution*, p. 15.

③ G.R. Elton, *The Revolution in Tudor Government*, p. 25.

这些审核员经由专门的程序任命，并且"不向财政署负责"，因此，原来归属财政署的财政管理权力，现由财政署和"外部"审核员分享。结果，财政署越来越成为一个"审核员们会对它宣称账目已经在其他地方处理完毕了"的部门。①理查三世在其统治时期曾尝试建立一种新的"私室财政"体制，为此，他还制订和编纂了一个周密详细的实施计划。在理查三世设计的财政体制里，绝大多数王室地产不再由财政署管理，转而为私室监管。②但理查三世的计划未曾得以实施。

第二节 "私室财政"体制与都铎王朝
财政机构改革

"私室财政"体制的奠基者是亨利七世。原本是威尔士一个小伯爵的亨利七世，"登上王位之时一贫如洗，该欠法国和不列塔尼支持者大量债务"③。尽管如此，亨利七世却"既不愿仿效兰开斯特家族以自由换拨款的先例，也不愿意效法约克家族未经同意即行课税之举"④，因此，"全面采用并发展了理查三世的计划"⑤，对私室及其下属部门进行了充分的利用。理查三世责令私室成员前往英国各郡，确定王室地产的界限，以恢复已经流失的王室领地，增加王室的收入。结果，王室领地的年净收入迅速增加，从1491年的"3767镑"，增至1504年的"25245镑"。⑥此外，亨利七世还责令私室成员前往英国各地，调查在履行国王义务中的各类欺诈行为，加强了对来自监护权、继承权等的封建收

---

① G.R. Elton, *The Revolution in Tudor Government*, p. 25.

② G.R. Elton, *The Revolution in Tudor Government*, p. 25.

③ G.R. Elton, *England under the Tudors*, London and New York: Routledge, 2001, p. 47.

④ G.R. Elton, *England under the Tudors*, p. 47.

⑤ F.C. Dietz, *English Government Finance, 1485—1558*, p. 67.

⑥ D.L. Keir, *The Constitutional History of British since 1458*, London: A. and C. Black, 1960, p. 11.

入，以及来自司法讼金与罚款的课征管理。结果，来自"监护权的土地收入，从1487年的几百镑"，迅速增加到"1507年的逾6000镑"。①

亨利七世对私室的利用和发展，至少产生了两个方面的结果。其一，财政收入迅猛增加。在"亨利七世统治时期，年收入由约5.2万镑，增至14.3万镑"②。其二，私室成了比财政署更为重要的财政管理机构。亨利七世登上王位后不久，私室收支总额就超过了财政署。及至亨利七世统治末年，私室的收支总额已逾10万镑，更远远超过了财政署。可见，亨利七世对私室的利用，奠定了后来"私室财政"体制确立和发展的基础。

"私室财政"体制在亨利八世统治前期正式建立。与其父亨利七世勤于政务管理，事必躬亲不同，亨利八世疏于政事，厌烦琐碎的事务管理工作。因此，他在继续利用私室及其下属部门明确和扩展国王特权的同时，把对私室收入账目和私室土地收敛官员账目的审核，完全委托给两个王室土地大检查长。1515年，两个王室土地大检查长及其部门，作为一个机构，由议会法案以"国王特权总稽查"的名称确定。至此，"私室财政"体制正式确立。

私室本质上仍然是"王室政府"的财政管理机构。私室成员的任命完全控制在国王个人手中，人员组成很不稳定，更换频仍，任职亦无定期，没有可靠的制度作为保证，仅凭国王的个人特权行事。这就决定了"国王个人"管理性质极其突出的"私室财政"体制，必定不能适应国家财政收支与管理的长期需要，其走向衰亡的命运早已注定，新的财政管理机构势必将取而代之。

为财政机构全面改革提供契机的是宗教改革运动，即英国的国教化运动。亨利八世的这场改革绝不是纯粹宗教意义上的改革，而是一场自上而下的针对教会的政治和经济改革。改革的主要目的之一是没收国王垂涎已久的巨额修道院财产。1536年，英国修道院的净收入就高达131361镑，毫无疑问，解散修道院能为财政上极为拮据的国王带来巨额收入。于是，亨利八世首先于1536年解散了291个小修道院中的244个，

---

① F.C. Dietz, *English Government Finance, 1485—1558*, p. 91.

② G.R. Elton, *England under the Tudors*, p. 53.

这些小修道院的年收入均不足200镑。之后，又陆续解散了其余40余所小修道院。1539年，亨利八世又进一步取缔了所有的修道院。

随着修道院的所有财产都归于国王及其继承人的名下，国王的固定收入急剧增加。1530年，王室年收入只有约10万镑，而10年后增长到了年约22万镑。[1]面对突如其来的巨额财产和收入，无论是程序上陈腐落后的财政署，还是运作杂乱、零落无序的国王特权总稽查，都感到束手无策，根本不能满足新的财政管理需要。正是在这种形势下，作为一种历史必然，税收法院这种新的财政管理机构便应运而生。

在新的财政管理机构——税收法院的建立中，托马斯·克伦威尔功不可没，起到了重要的推动和领导作用。托马斯·克伦威尔是当时"剑桥改革派"的领导者。在16世纪30年代，他和"剑桥改革派"利用当时宗教改革提供的历史契机，进行了一系列的行政管理改革，其中，财政管理机构改革是首要的和最为重要的改革目标之一。

通过财政管理机构改革，托马斯·克伦威尔及其"剑桥改革派"建立起了税收法院这一新型的财政管理机构。税收法院是经由议会批准建立的，并由议会法案具体规定了其目的、规章、职能和人员构成。增收法院是最早通过议会法案确立的新型财政管理机构，成立于1536年。法案规定，增收法院应"由1名总长、1名司库、1名法律监督、1名副法律监督组成的委员会进行管理，另外雇用10名账目审核员、17名驻守各郡的征税员、1名书记员、1名看守和1名通讯员"[2]。与以前的国王个人财政管理机构不同，增收法院的所有成员分工明确，在各自既定的职权范围内各司职权，并密切协作，共同合作，有效管理着国王没收来的修道院财产。还需要强调指出的是，"作为记录法院"的增收法院，"同时拥有国玺和御玺，并有具体明确的管理权限及结账时限"[3]。

以增收法院为样板，托马斯·克伦威尔对财政管理机构进行了全面的改革。改革的矛头直接指向了私室和国王特权总稽查。以托马斯·克伦威尔为首的"剑桥改革派"认为，无论是私室，还是国王特权总稽

---

① G.R. Elton, *The Tudor Constitution: Document and Commentary,* Cambridge: Cambridge University Press, 1960, p. 42.

② G.R. Elton, *The Revolution in Tudor Government,* p. 25.

③ E.E. Bridges, *The Treasury,* London: George Allen & Unwin Ltd., 1966, p. 167.

查，都直接依附于王权，因而，难以对其进行不受束缚的充分利用。所以，他们"力图在减弱私室作用的同时，把国王特权总稽查转变为一个适当的，但受到限制的国家部门"①。减少私室管理的财政收入，自然是削弱私室的最佳选择。1534年，托马斯·克伦威尔让其属臣格斯特威克直接管理教士首年俸和什一税，而这两种收入原由私室管理。为实现首年俸和什一税收入管理的制度化，1540年又通过议会法案，最终正式确定了首年俸和什一税法院制度。同年，还通过议会法案正式建立了监护法院。国王特权总稽查制度也在1542年经由议会法案进行了新的规定。结果，这个纯属于国王私室，并且典型地体现着国王个人财政管理特征的中世纪机构，也实现了管理上的制度化。监护法院在1542年又得到了进一步的发展，通过该年的一个议会法案，实现了监护法院与管理国王封建捐税的其他财政机构的合并，开始被称为监护和继承法院。

因此，到1542年时英国主要有6个财政管理机构，它们职权分明，互不隶属，各自管理一部分收入。财政署管理古老的收入；兰开斯特公爵领地法院主要管理其公爵领地的土地收入；亨利七世和沃尔西获得的收入，现由国王特权总稽查法院负责管理；1535年以后获得的土地收入归属增收法院管理；本应交至罗马教会的收入现转入首年俸和什一税法院手中，由其管理；监护和继承法院管理的是各类封建收入。②

这些新的财政管理机构，在财政管理上至少具有两个方面的优点。一方面，它"避免了古老财政署的过于正式化"，简化了财政署过于烦琐的管理和审核程序。另一方面，"又避免了私室财政体制的过于非正式化"③，削减了财政管理上的国王个人作用。如此，这些新建立的财政管理机构，既满足了其时处理巨额收入的紧急需要，又在逐步削弱旧的财政管理体制的同时，进行了新制度的建设。

托马斯·克伦威尔当权时，能够审时度势，根据需要及时调整和改革政府机构，6个财政管理机构在他的精心策划下运转良好。但是在他失势并于1540年被处死之后，各个税收法院开始独立发展，不能再继续

---

① G.R. Elton, *England under the Tudors*, p. 53.

② G.R. Elton, *The Revolution in Tudor Government*, p. 223.

③ G.R. Elton, *England under the Tudors*, p. 53.

系统有效地整合在一起。缺乏协调合作的必然结果是，财政管理再次陷入混乱无序的状态之中。1540—1558年，由于战争、减产、腐化和工作低效等众多原因的共同作用，财政管理上的困难进一步加剧了，无序和混乱更趋恶化。在这种形势下，避免混乱和深化财政管理改革的必然选择是财政管理机构的统一。同时，随着增收法院管辖的财政收入在国家财政收入中占据比例的日益增加，几个财政管理机构的并立成为多余。

表3—1　　　　　　　　1551年各财政管理机构收入统计

	固定收入	临时收入	合　计
财政署	7557镑	31786镑	39343镑
增收法院[a]	144825镑[b]	14370镑	159195镑
兰开斯特公爵领地法院	16586镑[c]	1486镑	18072镑
首年俸和什一税法院	15042镑	8521镑	23563镑
监护和继承法院	—	31749镑	31749镑
总收入	183998镑	87914镑	271912镑

资料来源：G.R. Elton, *The Tudor Constitution: Document and Commentary,* Cambridge: Cambridge University Press, 1960, pp. 44—45.

a 1547年议会法案已把国王特权总稽查法院并入增收法院，所以到1551年时共有5个财政管理机构。

b 其中返还12744镑。

c 其中返还70镑。

表3—1表明，1551年，增收法院管理的收入已占国家财政收入的58.55%。因此，单是为了机构整合以规避管理混乱，就完全有必要进行财政管理机构的合并。

于是，议会在1554年通过法案，将增收法院、首年俸和什一税法院转而并入财政署，只留下监护和继承法院及兰开斯特公爵领地法院。这样，到1554年时，英国就只剩下了分别管理国家财政收支的财政署、管理兰开斯特公爵领地收支的兰开斯特公爵领地法院、管理临时性的来自监护权和继承权收支的监护和继承法院3个财政管理机构。

与以前相比，这时的财政署有较高的工作成效。这是因为，一方面，它汲取了托马斯·克伦威尔时代创立的财政机构在审核和管理上的成功经验。另一方面，早在16世纪30年代，财政署就进行了重大改革，到1541年时，自中世纪以来财政署一直存在的因为符契收账而导致的效率过低、账目审核过于迟缓等问题，因为财务往来已由符契改为现金而得到解决，总体上基本适应了新的财政管理需要。财政署的管理权限在增收法院、首年俸和什一税法院并入后，因所管理的财政收入空前增加而迅速拓宽，出现了财政署的复兴。1560年伊丽莎白一世永久性地恢复了两个"预付款审核员"的职位，他们负责审核有关爱尔兰、铸币、借贷、战争支出、海军、军械、工程等的账目。"17世纪初，政府收入的90％由财政署审核。" [1]

与财政署复兴同步，国库大臣权力日增，在财政管理中处于主导地位。都铎王朝后期的国库大臣身兼财政署的国库大臣和国王的国库大臣两职。在理论上，两个职位的职责、权力、任职方式和任职时限各不相同。作为财政署的国库大臣，他由委任状任命，并在财政署的众男爵前宣誓。作为国王的国库大臣（或曰英格兰的国库大臣），他被授予白色柳木权杖，并凭借权杖的权威，判令各种难以审理的案件。国王的国库大臣就职时对大法官宣誓，承诺他将为国王及其臣民鞠躬尽瘁，按照公平正义的原则履行职责，对穷人富人等同视之，为国王提供正确的建议，管理好所管财物，并确保国王应得利益的获取。国王的国库大臣虽然地位显赫，但是并无多少实权，权力远逊于财政大臣，任职亦无定期。伊丽莎白一世时期的1572—1598年，威廉·塞西尔担任国库大臣时，还兼任其他要职，在"威廉·塞西尔的卷档文件中，有关财政事务的卷宗和政府其他事务的卷宗数量相当"，[2] 因此，他无暇亲临财政署理事，不得不通过秘书给财政署发布大量命令或指令，威廉·塞西尔及其秘书们的财政活动，使得以国库大臣为主的国库开始游离出财政署，逐渐成为一个独立机构，并成为财政管理的中心。当然，在威廉·塞西尔时代，国库从财政署中的游离仅是刚刚开始，国库最终成为一个独立的国家机构还有待时日。

需要说明的是，国库大臣这一职位的地位和任职者的地位是两码

---

[1] H. Roseveare, *The Treasury: The Evolution of a British Institution*, p. 41.

[2] G.R. Elton, *England under the Tudors*, p. 411.

事。温切斯特任国库大臣期间，处理财政事务时要听命于当时担任首席国务秘书的威廉·塞西尔，而威廉·塞西尔任国库大臣时，因其权威盛大，处理财政事务时无须向女王之外的任何人请命。可见，国库大臣职务本身所拥有的权威并不特别显要，关键是由谁担任这一职务。

另外，也是在都铎王朝后期，由不同委任状任命的财政署国库次臣和财政大臣职位合二为一。"1567年1月17日，沃尔特·迈尔德梅即同时被任命为财政署国库次臣和财政大臣。"[①]财政大臣和国库次臣两职位合并后，财政大臣职位日益重要，成为国库大臣的副手，而且在理论上，国库大臣离职后，他还是当然的继承人，尽管事实上从1560年到1640年，只有理查德·韦斯顿由财政大臣升任国库大臣。除理查德·韦斯顿外，分别于1566—1589年、1589—1603年和1606—1614年担任财政大臣的沃尔特·迈尔德梅爵士、约翰·福蒂斯丘爵士和朱利叶斯·西泽爵士的财政管理工作，都绩效卓著，无论是在政策制定上，还是在向议会陈述国王的财政需求上，都把财政大臣的应尽职责发挥得淋漓尽致。但是，直到18世纪国库委员会第一财政大臣出任首相后，财政大臣才成为国库的首脑。[②]而且尽管国库的工作自此由财政大臣主持，但迟至19世纪早期，财政大臣还不是阁员，直到威廉·尤尔特·格拉德斯通出任财政大臣后，现代意义上的财政大臣才开始出现。[③]

---

① T. L. Heath, *The Treasury*, p. 28.

② "国库委员会第一财政大臣"的英文为"Frist Lord of the Treasury Commission"。中西学术界有关"国库委员会第一财政大臣"的使用和翻译比较混乱。有的西方学者使用"Frist Lord of the Treasury Commission"，而有的学者则使用"Lord High Treasurer"，有时一些学者两词皆用，一般在1714年以后多用前者。实质上，这只是术语使用的不同，含义差别并不大。为避免翻译引起的混乱，特别是为避免将"Lord High Treasurer"译为"（旧时英国的）财政大臣"可能导致的与"Chancellor of the Exchequer"（财政大臣）在理解上的混淆，本书在翻译"Lord High Treasurer"时，把它和"Frist Lord of the Treasury Commission"统一译为"国库委员会第一财政大臣"。另外，笔者没有像国内的一些学者那样，把1667年的"Treasury Commission"翻译为"财政委员会"，而是将它译为"国库委员会"，其中的主要原因是，"Treasury Commission"和"Treasury"（国库）实际上是一个机构，只不过组织形式不同，把"Treasury Commission"翻译为"国库委员会"，更符合实际。

③ E.E. Bridges, *The Treasury*, p. 20.

第三节　斯图亚特王朝早期国库的发展

斯图亚特王朝早期，财政管理沿袭前朝旧制，以国库大臣为主的国库仍是财政管理的中心。

1612年以前，国库实行的是国库大臣管理制。斯图亚特王朝的首位国库大臣是于1599年接任威廉·塞西尔的巴克赫斯特勋爵托马斯·萨克维尔。尽管巴克赫斯特勋爵难以胜任其职，但是，威廉·塞西尔给国库大臣职位带来的所有荣耀，在他任职期间还是得到了保持和维续。1608年，威廉·塞西尔之子罗伯特·塞西尔任国库大臣。为了解决国王的财政困难，在他的努力下，重新厘定了关税税率册，并课征了新的关税附加税。结果，国王的债务从1608年的约100万镑，缩减到了1610年的30万镑左右①。罗伯特·塞西尔还力图通过"大契约"彻底重组斯图亚特王朝的财政体制。R.洛克耶指出："如果'大契约'得以实施的话，英国在17世纪会朝着另外的方向发展。"②然而，由于国王和议会双方的打算各不相同，而且相互猜忌，最终"大契约"未能达成。詹姆斯一世为此对罗伯特·塞西尔斥责有加，认为正是罗伯特·塞西尔对议会的一相情愿，使他蒙受耻辱。不过，总的说来，这一时期国库大臣们的工作还是富有成效的。

1612年索尔兹伯里伯爵罗伯特·塞西尔死后，詹姆斯一世不再委任国库大臣，而以国库委员会取而代之。国库委员会共有6名成员，诺桑普顿伯爵亨利·霍华德任国库委员会第一财政大臣。1612年的国库委员会管理实践，本是为了避免国家财政管理权落入像罗伯特·塞西尔这样的权臣之手而实施的权宜之计，但是这一革新却有着非同寻常的意义。正如E.E.布里奇斯指出的那样："与国库大臣一人主宰国库相比，由6

---

① H. Roseveare, *The Treasury: The Evolution of a British Institution*, p. 46.

② R. Lockyer, *Tudor and Stuart Britain, 1471—1714,* Essex: Longman, 1964, p. 227.

名成员组成的国库委员会，更需要一套惯行的运作程序和一个工作高效的秘书。在詹姆斯一世首次实行国库委员会制百余年后，国库大臣职位不复存在。"① 亨利·霍华德之后，埃尔斯米尔勋爵托马斯·埃杰顿于1613年继任国库委员会第一财政大臣。

然而，1614年时，国王又以国库大臣取代了国库委员会。之后，国库便在国库大臣管理制和国库委员会管理制之间左右摆动。

1614—1641年间，国库的人员构成也发生了较大的变化。其间，国库的主要官员多由世俗人士担任，教职人员渐少参与，只有1618年和1635年，国库委员会第一财政大臣分别由两位坎特伯雷大主教乔治·阿博特和威廉·劳德担任，1636年国库大臣一职由伦敦主教威廉·贾克森担任。国务秘书也渐渐淡出国库管理，除1620年外，他们不再任职于国库。

表3-2　　　　　　1614—1641年国库管理模式及主要官员

时　间	管理模式	国库大臣或国库委员会第一财政大臣
1614年	国库大臣管理	托马斯·霍华德
1618年	国库委员会管理	坎特伯雷大主教乔治·阿博特
1620年	国库大臣管理	亨利·蒙塔古
1621年	国库大臣管理	克兰菲尔德勋爵莱昂内尔
1624年	国库大臣管理	利勋爵詹姆斯
1628年	国库大臣管理	韦斯顿勋爵理查德
1635年	国库委员会管理	坎特伯雷大主教威廉·劳德
1636年	国库大臣管理	伦敦主教威廉·贾克森
1641年	国库委员会管理	爱德华·利特尔顿

资料来源：C. Cook & F. Wroughton, *English Historical Facts, 1603—1688*, New Jersey: Rowman and Littlefield, 1980, pp. 9—10.

斯图亚特王朝早期，在国库大臣或国库委员会的努力下，国库开始取代财政署成为财政管理的中心。

然而，需要注意的是，这时的国库首脑国库大臣或国库委员会第一财政大臣，都不拥有对财政署的绝对权威，他们只有通过国王的御玺，才能

---

① E.E. Bridges, *The Treasury*, p. 18.

给财政署发布各类指令。也就是说，国库实施财政管理所赖以仰仗的仍然是国王的权威，财政的最高管理权和决策权仍然掌握在国王手中。

第四节 革命时期的财政管理机构

动荡、混乱是内战、共和国与护国政府时期的总体特征，反映在财政管理上便是管理的断裂、紊乱和无序。因而，对这一时期的财政管理进行系统详尽的论述是非常困难的事情，只能从总体上对之予以概述。不过，值得注意的是，尽管革命时期的财政管理情况极为特殊，但后来的某些财政管理实践却发轫于此。

内战爆发后，国库和财政署显要多追随国王，其余成员则多留在伦敦，服务于议会方。双方的国库和财政署官员都很快发现，他们在财政管理中的作用无足轻重。国王一方的新任财政大臣，即后来的克拉伦敦伯爵发现，他的权力常常因为战争急需，而被战时财政大臣取代。议会方面的国库和财政署官员，也随着一系列专门财政组织的建立而无事可做，不久国库和财政署就停止运作。

内战时期的专门财政组织包括借款委员会、复利计算委员会、财产没收委员会、王室地产出卖委员会等。①这些委员会的领导权控制在军队手中，其账目核查由账目委员会负责。

总的说来，内战时期财政管理体制的突出特点是，中央对财政的控制比较松懈，财政收入的筹集、分配和使用，多由各郡自行管理。直到

---

① 这些专门财政组织的成立，主要与当时的财政收入状况密切相关。内战之初，议会和国王双方的财政支出，都主要源于各自支持者的自由捐献。捐献之物不仅有现金货币、珠宝，更主要的是金银餐具。国王一方因为不乏贵族支持者，所以金银餐具特别充足，而议会一方则相形见绌，甚至个人的纽扣别针也都被抛入了冶炼熔炉之中，因此，还另外通过出卖教会与国王及贵族的地产、年息8厘的借款等获得临时性的收入，以维持军费开支。管理这些收入的就是这些专门财政组织。当然，因为这些收入主要是临时性的，所以这些专门的财政组织，也自然就具有了临时性的特征。

1654年，护国公奥利弗·克伦威尔才复建财政署和国库，国库继续实行委员会管理制。

表3-3　　　　　1654年、1658年和1659年国库委员会成员

时　间	国库委员会成员
1654年	布尔斯特罗德·怀特洛克、托马斯·威德林顿、约翰·莱尔、亨利·罗尔、圣奥利弗·约翰、爱德华·蒙塔古、威廉·西德汉姆、威廉·马思姆
1658年	怀特洛克勋爵布尔斯特罗德、蒙塔古勋爵爱德华、西德汉姆勋爵威廉、托马斯·威德林顿爵士
1659年	约翰·迪斯布罗、威廉·西德汉姆、理查德·萨尔温、科尼利厄斯·霍兰、约翰·克拉克、约翰·布莱克威尔

资料来源：C. Cook & F. Wroughton, *English Historical Facts, 1603—1688*, New Jersey: Rowman and Littlefield, 1980, p. 10.

护国政府时期，议会试图加强对财政管理的监督。护国公奥利弗·克伦威尔的第一届议会开会期间，任命了一个以托马斯·伯奇上校为首的议会委员会，就究竟需要课征多少税收才能满足政府财政支出需求等事宜作了调查。该委员会的结论是，每年1210000镑的议会税收收入足以满足护国政府的财政支出需求。[①] 托马斯·伯奇一直是奥利弗·克伦威尔的反对者，因而他领导下的委员会提出的这一数据难免偏低。然而议会却认为，托马斯·伯奇的调查数据准确合理，并准备以之为依据，通过相关议会决议案，对护国公奥利弗·克伦威尔的财政进行规范约束。然而，不幸的是，奥利弗·克伦威尔在议会通过决议案前解散了议会。

议会试图约束规范政府财政支出的努力虽然最终未能以议会法案的形式得以确立，但是，在某种程度上，它却为后来的议会财政预算提供了历史经验。而且更为直接的影响是，王权复辟后，议会每年给国王120万镑的拨款数额，即是根据这一数字提出的。

---

① 每年总额为1210000镑的议会税收收入来源如下：关税和消费税收入840000镑；来自苏格兰和爱尔兰的收入29000镑；罚没的王党领地收入、邮费收入、酒类经营许可状收入等60000镑；法国酒的关税和消费税收入150000镑；来自苏格兰的消费税收入9000镑；其他各类新课征的税收124000镑。参见M. Ashley, *Financial and Commercial Policy under the Cromwellian Protectorate*, p. 43。不过，根据M.阿什利所列数据，总额应为1212000镑，而不是1210000镑。

奥利弗·克伦威尔解散议会的主要原因是，根据过去的经验，以托马斯·伯奇为首的议会委员会提出的数字，根本不能满足护国政府的财政支出需求。[①] 第一次对荷兰战争期间，英国海军人数最多时近20000人，陆军人数与以前相比也有很大增长，相应的，军费支出也空前增加。1653—1654年间，政府财政总支出约2877079镑，除200992镑用于政府官员薪俸和奥利弗·克伦威尔及其家人的开销外，其余都用作军费支出。其中，陆军支出1566705镑，海军支出1059382镑，军需部门支出50000镑。[②] 由此可见，奥利弗·克伦威尔解散议会的做法从财政角度讲可能是得当之举。

1654—1658年的财政支出也证明了这一点。从表3—4可知，其间，军费支出数额巨大，占据了财政总支出的绝大部分。巨额军费支出的直接后果是，护国公奥利弗·克伦威尔的债务迅速增加。1653年4月，"长期国会"解散时，奥利弗·克伦威尔的债务只有700000镑，但是，他去世时，却给其子理查德·克伦威尔留下了高达2000000镑的债务。奥利弗·克伦威尔不断增长的债务表明，护国政府总是入不敷出，议会提出的每年120万镑的拨款数额，的确无法满足财政支出需求。

表3-4　　　　　　　　1654—1658年财政支出统计表

时 间	陆军支出	海军支出	文职官吏和军需部门支出	总支出
1654年	1566705镑	1059382镑	250992镑	2877079镑
1655年	1508000镑	569512镑	250000（?）镑	2327512镑
1656年	1057819镑	768538镑	250000（?）镑	2067357镑
1657年	1900489镑	742034镑	235652镑	2878175镑
1658年	1346706镑	599108镑	252179镑	2197993镑

资料来源：M. Ashley, *Financial and Commercial Policy under the Cromwellian Protectorate*, London: Frank Cass & Co. Ltd., 1972, p. 48.

---

① 当时，护国公奥利弗·克伦威尔的拥护者爱德华·蒙塔古提出的数据似乎更为合理，但是未被议会采纳。他认为，政府的年财政支出约为2611532镑，为此，议会每年需提供的拨款数额应该为2250000镑。参见M. Ashley, *Financial and Commercial Policy under the Cromwellian Protectorate*, p. 43。

② M. Ashley, *Financial and Commercial Policy under the Cromwellian Protectorate*, p. 47。

与入不敷出、债务剧增相比，更值得关注的是它们背后所隐藏的财政管理内容。

一方面，从表3—4可知，1654—1658年，护国政府的财政总支出约为12348116镑，减去奥利弗·克伦威尔留下的200万镑债务，护国政府以自己的财政收入实际支出了约10348116镑，年均支出2069623.2镑，这还没有把"长期国会"留下的债务计算在内。而用于维系护国政府支出的财政收入中，议会税收收入约占84.6%。[①]这表明，与1642年以前不同，护国政府时期，议会税收收入是财政支出的基础。因此，议会试图对护国政府的财政支出管理进行规范约束，也就不足为奇了。

但是，另一方面，必须要看到的是，护国公奥利弗·克伦威尔实际上是英国的"无冕之王"，他所拥有的权力几乎与国王毫无二致，甚至有过之而无不及，因此，他才是国家政策决策和管理的中心。这就决定了护国政府时期的财政管理机构，还带有某些"个人管理"的色彩，预示了复辟时期财政管理机构所具有的某些特征。

第五节　复辟时期的过渡性财政管理机构

财政管理机构在复辟时期获得了重大发展，主要表现在两个方面：一是现代财政部的前身——国库获得了新的权威，并且加强了对国家财政的管理。二是新型的国库—议会关系开始建立，这一关系是后来议会确立对财政全面控制的先导。

复辟初期的财政管理制度与内战之前相比并无多大变化，国库依旧是财政管理中心。财政署负责国王的土地收入，但由于王室地产几经变

---

① 这一比例根据M.J.布拉迪克《国家的神经：英国的税收与财政，1558—1714年》第10页表格中的1649—1659一栏的数据计算得出。不过，M.阿什利的统计数据和M.J.布拉迪克的统计数据有所不同，M.阿什利认为，1649—1659年，财政总收入为18919000镑，年均收入为1719910镑。另外，有关奥利弗·克伦威尔的债务数据，具体可参见M. Ashley, *Financial and Commercial Policy under the Cromwellian Protectorate*, p. 38, p. 45。

卖,因而财政署管理的财政收入数量很少,它在国家财政管理中的作用也因此而削弱。其他各种收入落入了国库手中。复辟之初,国库继续由国库委员会管理,爱德华·海德任国库委员会第一财政大臣。1660年8月国库重行国库大臣管理制,一直到1667年,南安普敦伯爵始终担任国库大臣。"南安普敦的官邸在白厅",这标志着"国库大臣和财政署官员"间的区别日渐明朗。[①] 当然,这并不说明国库和财政署已经截然分开,因为"作为财政署首脑,国库大臣还要亲往财政署,或多或少地处理一些日常财政事务"[②]。1667年,南安普敦伯爵离任后,查理二世任命了新一届国库委员会,由乔治·蒙克担任国库委员会第一财政大臣。

在国库发展史上,乃至在整个英国财政管理制度史上,1667年的国库委员会都有着划时代的意义。詹姆斯一世时期、查理一世时期和1660年的国库委员会,其实是枢密院的下属委员会和财政代行机构,主要成员几乎都是枢密院大臣,包括大法官、两个国务秘书和财政大臣,有时,国库委员会第一财政大臣还由坎特伯雷大主教和伦敦主教担任。国库秘书也由枢密院属吏充任。而1667年的国库委员会与以前不同,它一反国库委员会成员主要由枢密院大臣担任的惯例,5名成员中,威廉·考文垂、托马斯·克利福德和约翰·邓库姆3人均为有丰富理财经验,却非贵族出身的"粗俗之人"。他们掌握着国库委员会的实权。[③]财政大臣阿什利勋爵安东尼和国库委员会第一财政大臣乔治·蒙克,虽然都极富声望,但是并没有多少实际权力,查理二世让他们任职于国库委员会,只是为了"凑足国库委员会的法定人数"。[④]

---

① D.M. Gill, "The Treasury, 1660—1714", p .600.

② S.B. Baxter, *The Development of the Treasury, 1660—1702*, p. 1.

③ 国库委员会任命前,查理二世与克拉伦敦伯爵及其他枢密院大臣,围绕是设立国库大臣,还是成立国库委员会,国库委员会成员是否主要应由枢密院成员担任等一系列问题,展开了激烈的争论。最终,查理二世力排众议,设立了主要由"粗俗之人"组成的国库委员会。查理二世之所以这样做的原因有二:一是流亡法国和荷兰时,他目睹了两国颇富效率的财政管理;二是共和国时期的财政实践对他影响颇深。参见T.H. Lister, *Life and Administration of Edward: First Earl of Clarendon*, 3 vols, London: Longman, Orme, Brown, Green and Longmans, 1837—1838。

④ H. Tomlinson, Financial and Administrative Developments in England, 1660—88, p. 97.

1667年的国库委员会成员上任后，励精图治，取得了非凡成就，主要表现在三个方面：

第一，1667年国库委员会树立并强化了国库在财政管理和其他事务上的权威。首先，剥夺了枢密院和国务秘书随意签发付款凭单的权力。任何经费支出在提请国王审批前，必须先向国库委员会报告，经审查后方可上报国王。而且由国王签署的付款凭单，只有经国库委员会副署后，司库人员方可凭单付款。如此，枢密院和国务秘书再也不能像以前那样随意签单用款。此外，国库委员会的这一做法，还对国王随便签署付款凭单和挪用款项有一定的限制作用。

其次，尝试改造财政署。一方面，国库委员会试图改革财政署官员可终身任职，而且其中有些任职权还可以世袭的弊端。另一方面，又敦促财政署官员，特别是财政署上部官员，恪守职责，在加强对账目审核的同时，兜捕桀骜不驯的收税员和玩忽职守的会计人员。

再次，建立了财务周报制度。为及时了解各方面的财政收支情况，各支出部门官员——海关官员、海军司库大臣、军械部门督尉、王室司库、私室司库、护卫队现金出纳员、锦衣库主管和制服主管，[①] 必须每周向国库委员会汇报它们的收支状况、部门利润和债务等，同时还要提交相关证据。收入总长和包税商人每周也要向国库委员会汇报其税收征收和包税租金缴纳状况。

最后，力图和枢密院平起平坐，提高自己的权威。[②]国库委员会提

---

① D.M. Gill, "The Treasury, 1660—1714", p. 603. D.M.吉尔指出，建立这一财务报告制度的原因是当时几乎所有的国家收入都不经过财政署之手，国库根本不能全面了解国家的财政状况。因而，国库委员会于1667年6月5日发布命令，要求定期进行财务报告。通过这一制度，国库可以全面了解各种收支的账目信息。

② 需要着重说明的是，这时枢密院和国库的关系较为复杂。一方面，所有的重要问题都仍然由枢密院决断，如1667年查理二世决定削减其开支的问题，就是由枢密院的一个委员会讨论决定的，这个委员会包括国库大臣和其他5名成员。但是，另一方面，所有财政管理上的重大事务，国库大臣们在感到过于重大而不敢决断时，确实是提交枢密院决断，不过，前提是，国库大臣们事前已经对这一问题进行了充分的讨论，因此，枢密院需要做的与其说是对问题进行"实质性的讨论"，倒不如说是予以"形式上的批准同意"，因此，枢密院"实际上正在失去其权力"，在财政管理上，仅仅是国库的"传声筒"而已。参见D.M. Gill, "The Treasury, 1660—1714", p. 604。

醒枢密院注意，在和国库委员会联络业务时，不能再像过去那样使用"指令"或"命令"等词语，而应以"恳请"或"期盼"等词取而代之。[①]在国库委员会的努力下，不久，国库委员会第一财政大臣就跻身国王重臣行列。1721年国库委员会第一财政大臣沃波尔便擢升首相，自此之后，首相由国库委员会第一财政大臣出任渐成惯例。

第二，完善国库卷档制度，健全国库组织。前国库大臣南安普敦伯爵的国库秘书菲利普·沃里克认为，国库保有四类分类账目足矣。而乔治·唐宁任国库委员会秘书后，将付款凭单和各项收入对应入账，并把国库委员会指令书和其他各类付款信件分门别类设列账册。[②]乔治·唐宁设立的这一国库卷档制度，自1667年起沿用了200余年。当然，建立国库卷档制度的意义不止于此，因为烦琐而有序的卷档制度需要大量属员在国库秘书的统一指导下整理和登记档案，这不仅树立了国库秘书的权威，而且还健全了国库组织。自此，国库开始真正作为一个独立的国家部门登上历史舞台。

第三，尝试建立新型的国库委员会—议会关系。乔治·唐宁会同国库委员会成员，向下院解释国王对财政的需求，寻求下院的财政支持，并试图影响下院关税和消费税法案的制定。他们的这些做法与当今财政部大臣的行为有诸多相似之处。此外，乔治·唐宁还进行了"专款专用"的尝试。为筹措对荷兰战争的军费，乔治·唐宁说服查理二世同意把125万镑的议会拨款完全用于对荷战争，而不挪作他用。为此，国库被迫向"公众"，而不是向国王说明款项的用途。所以，尽管"专款专用"的实践在整个复辟时期仅此一次，但它却朝着确立新型的国库委员会与议会关系迈出了关键的一步。总之，1667年国库委员会的成立，加强了财政集中管理，在某种意义上，它是现代财政部的前身。

1667—1688年，处于财政管理中心的国库仍在国库大臣制和国库委员会制之间摆动。但与1667年以前不同的是，国库实行委员会管理是主流。除1672—1679年、1685—1686年外，国库均实行委员会管理制。

---

① H. Tomlinson, "Financial and Administrative Developments in England, 1660—88", p. 98.

② E.E. Bridges, *The Treasury*, p. 19.

表3-5 　　　　　　　1667—1687年国库管理模式及主要官员

时 间	管理模式	国库大臣或第一财政大臣
1667年	国库委员会	乔治·蒙克
1669年	国库委员会	乔治·蒙克
1672年	国库大臣	克利福德勋爵托马斯
1673年	国库大臣	拉蒂默子爵托马斯·奥斯本（1674年的丹比伯爵）
1679年3月	国库委员会	埃塞克斯伯爵阿瑟
1679年11月	国库委员会	劳伦斯·海德
1684年	国库委员会	戈多尔芬勋爵锡德尼
1685年	国库大臣	罗切斯特伯爵劳伦斯
1687年	国库委员会	贝拉塞斯勋爵约翰

资料来源：C. Cook & F. Wroughton, *English Historical Facts, 1603—1688*, New Jersey: Rowman and Littlefield, 1980, p. 10.

无论实行何种管理模式，国库及其官员的最终目标都是加强财政的集中管理，主要表现在两个方面：

其一，强化了对两种主要间接税和炉灶税的管理。1667年的国库委员会虽然建立了财务周报制度，但是，在间接税实行包税期间，国库对间接税并无多少控制权可言。因为包税契约一旦达成，国库就很难对税收收入实施直接管理，而且包税一旦实施，即使取消包税契约，既行的税收征敛进程亦不能中止，国库照样难以对税收进行直接管理。而在关税、消费税和炉灶税的包税制分别于1671年、1683年和1684年被废除，改由税收委员会直接征管后，国库对间接税收入的控制权大为加强。因为包税制废除后所建立的关税委员会、消费税委员会和炉灶税委员会都直属于国库，受国库管辖。

其二，对议会直接税征管的控制权有所加强。复辟之初，国库和财政署对议会直接税的征管控制，主要是通过其代理人进行的。代理人和各地税收委员会通过书信保持联系，主要是对各地税收委员会的职责予以总体性、原则性指导，督促其履行职责，并就有关问题和涉及法律的税收问题提出建议。因而，各地税收委员会权力甚重，往往自理其事。此种管理体制下，各地税收委员会的征税管理相当滞后。其集会会期总是一拖再拖，应上达财政署的估税税册副本亦是姗姗迟至。估税和收敛工作也总是如鸭行鹅步一般，进展极为缓慢。

更为严重的是，所敛税收自收税员之手上交至收税长之手，再由收税长之手上交至国库的日期，常常一再拖延。代理人对此抱怨颇多，但是又无计可施，而且他们对各地税收委员会发出的训诫，也越来越不受重视。①为此，国库决定加强对议会直接税的管理。

国库的主要做法是通过票据兑换局（后来演变为税务局）加大对收入总长的控制力度。

票据兑换局（税务局）的起源日期，可追溯到1665年夏。当时，为应付对荷兰战争的财政急需，议会通过了一笔税款。在税款征敛中，一些中央机构需与几个郡的税收委员会保持联系，于是，这些中央机构任命威廉·多伊利爵士、亨利·弗农爵士和罗伯特·斯科恩三人为税收代理人，负责与税敛有关的书信联系事宜，三人以威廉·多伊利爵士为首。②三个税收代理人很快获得了其他职权。多伊利爵士及其子获得了接收伦敦和米德尔塞克斯的税收权。1667年，多伊利爵士升任财政署现金出纳。同时，多伊利爵士还巡游全国各地，将偏袒不公的收税员、税收委员会成员、收入总长和地方法律顾问收监问罪。该次税收的征敛很快结束了，但这之前存在的问题，即税款的汇寄，总因汇票短缺而耽延期限，而使用马车武装押运的资费又极其昂贵的问题，仍未得到解决。于是，多伊利爵士于1667年在大圣海伦斯建立了票据兑换局。

票据兑换局本是一个暂设性机构，1670年被取消，但是，此后与票据兑换局相类似的机构又多次设立。1671年，它主要管理本年补助金的征收和运送。1673年，它又负责固定税额税的征管和运送。与以前相比，该年票据兑换局的成员人数有所增加。另外，票据兑换局还负责税收和财政周转过程中的期票兑换业务。1676年，国库决定于天使报喜节解散票据兑换局，该局的档案留给巴塞洛缪·菲利因汉姆处理。但迟至1676年7月它仍然在继续运作。1677年，它再次负责固定税额税的征收和运送，而且自此以后，即使在不课征直接税的时候，它也依旧存在着，主要负责直接税税款的清欠工作，渐具税务局之雏形。"1679年

---

① B.E.V. Sabine, *A History of Income Tax*, pp. 15—16.

② W.R. Ward, *The English Land Tax in the Eighteenth Century*, p. 14.

12月29日的一份御玺署印文件指出，为了国王的利益，税务局应保持运作，自此之后税务局获得了长足发展。"[①]票据兑换局（税务局）的建立，无疑加强了国库对直接税征管的控制。

综上所述可知，复辟时期的财政管理制度，昭示着现代财政管理制度的许多特征，孕育着现代财政管理的中心机构——财政部，奠定了现代财政管理机构建立的基础。除此之外，还有两点需要说明。一是复辟时期，国库管理的财政收入主要是议会税收收入，而1642年以前，国库和财政署所管理的主要是国王的"正常财政收入"。这一不同，从根本上决定着后来国王、议会和财政管理机构三者间的关系变化，即"光荣革命"后，财政管理机构开始转而向议会，而不是向国王负责。二是复辟时期，议会对财政管理机构的控制虽然有所加强，但是在行政决策权和大臣任免权仍然为国王所独占的前提下，议会还不能从根本上对财政管理机构施以控制。以上两点也正是复辟时期财政体制的过渡性特征在财政管理上的体现。

第六节　"光荣革命"后国库的成长

"光荣革命"后，国库（即后来的财政部[②]）在国家财政管理中的作用日益重要，成了最重要的中央财政管理机构。

---

① W.R. Ward, *The English Land Tax in the Eighteenth Century*, p. 15. W.R.沃德有关御玺署印文件的时间记载可能有误。根据W.A.肖的《国库卷档日志》第6卷第320页的记载，该御玺署印文件的时间应该为1679年12月24日。这份御玺署印文件指出，自1676年以来，票据兑换局一直为了国王的利益而辛苦努力，工作颇见成效，却又花费无多。鉴于它没有固定的办公地点和津贴等原因，根据本御玺署印文件，其主要成员理查德·马德森、巴塞洛缪·菲利因汉姆、约翰·拉姆齐每年可获得薪俸200镑，他们的属吏约翰·林恩每年可获得薪俸60镑。参见W.A. Shaw (Prepared), *Calendar of Treasury Books, 1679—1680*, Vol. VI, pp. 320—321（1679年12月24日记载）。

② 国库作为现代财政部的性能和特征，虽然是在历史演变过程中逐渐形成的，但是，其被称为"财政部"的时间，应该定在1833年。因为，1833年时财政署被废除，完全停止了其财政管理职能，财政大臣成为本部门的首脑。

国库的发展在"光荣革命"以后历经了一个较为曲折的历程。威廉三世即位后，西德尼·戈多尔芬继续任职于国库，他常向国王直言进谏，劝诫国王开源节流，削减不必要的财政支出。威廉三世也勤于财政管理事务，平均每月3次亲到国库处理财政事宜。[①]如此，国库凭借国王的权威，进一步摆脱了枢密院的控制，权力日重。与威廉三世不同，安妮女王更关心自己的国王年金，而不热心于公共财政管理，以此为契机，国库又进一步获得了长足发展。

自1714年国库大臣施鲁斯伯里公爵查尔斯卸任后，国库委员会管理制成为国库管理的固定模式。国库委员会由国库委员会第一财政大臣、财政大臣和下级财政委员组成。国库委员会第一财政大臣出任首相后，事实上不再亲自参与国库管理事宜，财政大臣成为国库委员会的实际领袖。财政大臣的主要助手是常务次官和财务次官，前者主要负责国库委员会的执行工作，后者则主要负责国库与其他政府部门间的财政调控。下级财政委员的真正职责，是充当下院督导员——议会中的国库秘书的助手，主要忙于议会中的各种事务，相反，在财政管理中的作用并不重要。国库委员会下设7个部门，分工负责政府各部门的财政事务。如某一部门负责陆军、海军和殖民事务部的财政事务；另一部门则负责司法部门和内政部的财政事务，以此类推。[②]

随着国库机构的健全，它逐渐具备了现代财政部的各种特征，和议会的关系也发生了根本性变化。其一，议会借助国库委员会加强了对公共财政的控制。如此，一方面国库委员会通过议会的支持，迅速获得了新的权威；另一方面议会可以通过国库委员会进一步加强对财政的控制。其二，议会也通过财政署和下院的一些专门委员会，加强了对国库委员会财政收支的审计和监督，最终全面确立了议会在财政管理中的至上权威，确立了议会财政体制。

纵观英国中央财政管理机构在中世纪和现代早期的演进过程，虽然呈现出纷繁复杂的历史征象，但是，毫无疑问，中央财政管理机构的沿革始终都遵循着"坚守"中"改革"和"改革"中"坚守"这一发展逻

① D.M. Gill, "The Treasury, 1660—1714", p. 607.

② H.E. Fisk, *English Public Finance from the Revolution of 1688*, p. 157.

辑主线。具体说来，就是英国中央财政管理机构的沿革具有明显的连续性、渐进性、经验性和灵活性特征。

连续性是指英国每个时代的中央财政管理机构都源自对旧有机构的改造。斯图亚特王朝早期的国库、财政署和私室等中央财政管理机构，无一不是从遥远的中世纪继承下来的历史遗产，现代财政部的身上仍然烙有中世纪国库的印记。

渐进性是指英国财政管理机构和制度之萎缩蜕变、孕育、新生，无不平稳自然、徐缓渐进，鲜有跌宕断裂现象发生。财政署和国库的沿革历程即是明证。

经验性是指财政管理机构的设立，很少是在某种现成理论的指导下完成的，也不是由议会法案一蹴而就地形成的，而是随着管理发展的需要，经不断补充，逐渐发展起来的。有些本是应付一时之需的权宜之计，或者是曾经的不成功实践，后经实践证明其合理性之后，为社会所接受。国库委员会的形成和发展便是典型例证。

灵活性是指英国的财政管理制度，能够根据不断变化的国内外形势，及时作局部调整，使其能在保持旧形式的前提下，实现内容的更新，以适应新形势下的财政管理需要。如国库，本是中世纪中央财政管理机构之一，经斯图亚特王朝早期和复辟时期的改造，逐渐获得了新的权威，最终孕育了现代国家中央财政管理的中心机构——财政部。

第四章

关税性质的演变

西方学术界有关英国关税的研究成果较为丰富。[①]然而，令人遗憾的是，除M.J.布拉迪克等少数学者外，绝大多数学者的研究主要着眼于关税的起源、组织管理和收入状况，很少对关税性质的演变进行研究。有鉴于此，本章以中世纪和现代早期为研究时段，对关税从国王的一种特权税演变为议会间接税的历史进程加以分析，以期能推进该问题的深入研究。

第一节　作为国王"特权税"的关税

中世纪和1642年以前的现代初期，议会只是在名义上享有部分关税权，而实际上其课征多"源自各种特定权力和国王个人特权"[②]，因此，这时关税还主要是国王的一种特权税。这可从国王财政自理原则、关税起源与课征确立、关税课征权控制中，找到有力证据。

首先，中世纪英国长期存在的国王财政自理原则表明，关税是国王的一种"特权税"，基本与议会无关。国王财政自理原则即国王必须自

---

① 西方学术界具有代表性的研究成果主要有：H. Hall, *A History of the Custom—Revenue in England: From the Earliest Times to the Year 1827*; H. Atton & H.H. Holland, *The King's Customs: An Account of Maritime Revenue & Contraband Traffic in England, Scotland, and Ireland, from the Earliest Times to the Year 1800*; E.E. Hoon, *The Organization of the English Customs System, 1696—1786*; N.S.B. Gras, *The Early English Custom System*; E. Carson, *The Ancient and the Rightful Customs*; W.D. Chester, *Chronicles of the Customs Department*。

② M.J. Braddick, *The Nerves of the State: Taxation and the Financing of the English State, 1558—1714*, p. 12.

理生计，主要是指拥有王室领地的国王，应该主要靠领地收入以及封建法所允许的收入，维持自己的生活。在这一原则下，王室财政收入划分为正常收入和额外收入两类，前者指王室领地收入和封建法所允许的收入，而后者指议会授权的税收收入。关税因其课征授权上的复杂性，很难笼统地说究竟是国王还是议会拥有其课征权。但到14世纪晚期时，关于税收的一个普遍性分类概括却已经表明，关税不是由议会批准的，而是国王凭借特权课征的。到1538年时，这一普遍性的分类概括进一步明确，并且直到16世纪，甚至是更晚的时期内，这一普遍性的分类概括一直延续存在，并且还一再重复。[①]简言之，自14世纪晚期，甚至从更早的时候开始，在英国人的思想意识中，关税是一种无须议会批准的国王个人特权税，关税收入应是国王正常财政收入的一部分。

在国王财政自理的实践中也可以发现，关税确实是王室正常财政收入的重要来源之一。尽管议会在中世纪与国王的关税权争夺中取得了一定程度的胜利，但是这种胜利因为国王可终身享有关税课征权而变得有名无实。1415年，议会因为亨利五世辉煌的军事战绩，而授予其羊毛等的关税补助金和桶税与镑税的终身课征权。1453年和1465年，亨利六世和爱德华四世也分别获得了同样的关税终身享有权。到都铎王朝建立时，议会在国王登基伊始即授予其关税的终身课征权早已成为惯例，因此，"关税越来越成为国王收入中'正式'的一个组成部分"[②]，与特权收入毫无二致。

其次，关税不但在起源上与国王的特权有关，而且关税三大组成部分（古关税和小关税、羊毛等的关税补助金及桶税和镑税、关税附加税）课征的确立，凭借的也主要是国王的特权。在关税起源问题上，学术界看法不尽一致，但是绝大多数学者认为，它主要源于国王特权。H.霍尔简洁精要地指出："王之商业贸易特权，可溯至部落对初具王权性质国家的捐献，后来这一捐献形式演变为伙食承办、先买权、抽征

---

① N.S.B. Gras, *The Early English Custom System*, pp. 64—65.

② [英]M.M.波斯坦等主编《剑桥欧洲经济史》第3卷，周荣国、张金秀译，经济科学出版社2002年版，第269页。

酒税①、王室管家酒税、十里抽一税、最终的关税。"②也就是说，H.霍尔认为，关税起源于作为原先部落权力继承者的君主，对需要货物的"特权"夺占或抽征。N.S.B.格拉斯虽然不同意关税源于夺占或抽征，但是他也认为关税是凭借国王特权创建的。③R.道格拉斯同样认为，关税在起源上与国王特权有关，是对国王特权的交换。④对关税的这种交换性质，日本学者坂入长太郎的分析更具代表性，他认为"关税是基于国王特权的财政关税，它作为保护商品运输的代价而被征课，充当海军的经费，但在这一时代，这种关税具有减轻王室财政的贫困化，将其转嫁于国民的性质"⑤。威廉·配第也认为："关税是对输入或输出君主领土的货物所课的一种捐税"，"关税最初是为了保护进出口的货物免遭海盗劫掠而送给君主的报酬"，"是由于商人们计算到在达成这种协议之前他们遭遇海盗劫夺往往损失更大，才确定下来的"。⑥查理二世统治早期的财政署首席男爵马修斯·黑尔爵士，在关税起源性质的看法上，与以上学者存在较大差异。他认为，关税在起源上性质复杂，不能一概而论，有些关税依据普通法课征，如抽征酒税；有的根据原来的习惯课征，如有些港口课征的关税；有些是议会批准课征，如对羊毛、毛皮和皮革课征的大关税；有的是根据国王特权课征，如对布类课征的关税；

---

① 西方学术界一般都认为，抽征酒税与国王特权有关。但是，在具体问题的认识上，存在分歧。以H.阿顿为代表的一大批学者倾向于把抽征酒税分为两类，一类是只支付运费的抽征酒税，一类是对酒的先买。前者虽然是一种完全的夺占，但是商人们却乐意被"抽征"，因为它是一种税收，是"合理正义的抽征"；而后者虽然由国王按价购买，但因其"价"是"国王的价格"，而不是市场的价格，因此成了一种"邪恶抽征"，为商人们所憎恨。参见H. Atton & H.H. Holland, *The Kings Custom*, p. 5。N.S.B.格拉斯则持不同看法，认为无偿的"抽征"实际上是不存在的，国王一直都以一个特定的价格支付"抽征"的酒，只不过支付价格比市场价格要低。在13世纪物价上涨之后，对抽征酒的估价和支付保持不变，因此，之间的差价实际上成了一种税收。参见N.S.B. Gras, *The Early English Custom System*, pp. 6—7。

② N.S.B. Gras, *The Early English Custom System*, pp. 15—16.

③ N.S.B. Gras, *The Early English Custom System*, pp. 19—20.

④ R. Dougles, *Taxation in Britain since 1660*, p. 4.

⑤ [日]坂入长太郎：《欧美财政思想史》，张淳译，中国经济出版社1987年版，第34页。

⑥ [英]威廉·配第：《赋税论》，载威廉·配第《配第经济著作选集》，第52页。

有的则是根据契约课征，如根据《商人宪章》课征的关税。[①]但是，毫无疑问，马修斯·黑尔爵士也认为关税在起源上与国王的特权有着千丝万缕的联系。

尽管学术界对关税起源究竟在何种程度上与国王特权有关，并与国王的哪一特权有关的认识上，看法不尽相同，但是这并不影响我们得出关税基本上是国王的特权税这一结论。因为关税的三大组成部分课征的确立，主要是国王特权作用的结果。

古关税和小关税[②]是经过1275年、1303年和1347年的三次课征而最终确立下来的。在这三次课征中，1303年的课征毫无疑问几乎完全是国王特权的结果，因为它是由作为一个王室宪章的《商人宪章》批准的，也正基于此，N.S.B.格拉斯认为，国王的关税课征权即起源于此。[③]1347年的关税，则是经由一个扩大的谘议会同意，而由国王课征的，这是英国关税制度史上，未经议会同意而确立关税课征权的一个确凿例证。[④]只有1275年的关税课征，是在商人的恳请下，由议会批准的，因此其课征似乎由议会确立。然而，实际上，议会在其课征确立中并没有多少权力，因为1303年和1347年的课征事实表明，1275年经议会批准课税的一些商品，国王同样拥有课征权。所以，古关税和小关税课征的确立凭借的主要是国王的特权。关税补助金开课于1332年，是由商人独自同意或者建议课征的，而且在1340年以前，其课征都是由谘议会中的国王，或商人，抑或是富商巨贾批准或同意的；桶税和镑税源于1347年的酒类和其他商品的关税课征，是由谘议会开课的。所以，二者均与议会无关，是由国王凭借特权确立的。关税附加税在都铎王朝之前曾有课征的先例，

---

① F. Hargrave, *A Collection of Tracts Relative to the Law of England from Manuscripts*, Vol. I, Dublin: E. Lynch, 1787, p. 115.

② 古关税最初是指1275年的关税，课征对象主要是出口的羊毛、毛皮和皮革。小关税原指1303年的关税，课征对象主要包括出口的酒、羊毛、毛皮和皮革、出口及进口的布匹。但是古关税和小关税的内涵后来有所变化。1347年的新布类关税开课后不久，1275年的关税就与1303年的出口羊毛、毛皮和皮革的关税合并，被统称为"古关税"或"大关税"，1303年的布类关税则与1347年的新布类关税合并，被冠以"小关税"之名。

③ N.S.B. Gras, *The Early English Custom System*, p. 50.

④ N.S.B. Gras, *The Early English Custom System*, p. 52.

然而其课征成为经常之举始自都铎王朝,因此关税附加税的创立期应该定在都铎时代。与关税的前两大组成部分相比,关税附加税的确立,完全仰仗国王特权,无须得到议会的批准,"并明显得到了法律的认可与支持"①,是彻头彻尾的国王特权税。

最后,关税课征权主要控制在国王手中。其一,关税补助金及桶税和镑税的课征权,事实上一直控制在国王手中。虽然自1362年起关税补助金只有得到议会的批准才能课征,桶税和镑税的课征批准权也在其确立课征后不久即为议会获得,然而,早在1398年理查德二世就获准可终身课征关税补助金,1415年、1453年、1465年,亨利五世、亨利六世、爱德华四世分别获得了关税补助金及桶税和镑税的终身课征权,以及自理查德三世起一直到查理一世登基为止,国王在即位之初就获准可终身课征上述关税的史实,都表明了国王对这些关税课征的实际控制权。其二,关税附加税的课征权完全控制在国王手中。国王不但可以在调整外贸政策时公开课征关税附加税,还可以通过调整关税税率册进行隐蔽性课征。

通过公开课征关税附加税,以及经过1545年、1550年、1558年、1613年、1615年、1622年和1635年的关税税率册调整,在1640年以前,关税附加税和其他特权关税,每年能给国王带来高达250000镑的正常财政收入。②可见,这时的关税事实上与国王的特权税并无本质区别,而且,也正因此,英国学术界才倾向于认为,国王"需依赖于有限的土地收入和关税收入生活"③,把关税等同于国王的特权税。

---

① M.J. Braddick, *The Nerves of the State: Taxation and the Financing of the English State, 1558—1714*, p. 12.

② M.J. Braddick, *The Nerves of the State: Taxation and the Financing of the English State, 1558—1714*, p. 53.

③ R.W. Hoyle, "Crown, Parliament and Taxation in Sixteenth—Century England", *The English Historical Review*, Vol. 109, 1994, p. 1174.

第二节 议会关税权的暂时性强化

1642—1660年，随着议会夺权斗争的高涨，特别是国家主权一度掌握在议会手中，关税的课征权及税率的制定与调整权完全落入议会手中，议会的关税权暂时性地空前强化。相应的，关税性质也在短期内发生了根本性变化，由国王的一种特权税，转而成为由议会直接控制的间接税。

内战爆发前，议会就展开了争夺关税课征权的全面攻势。议会与国王的关税权争夺虽然由来已久，但正如前面说明的那样，在1625年以前，实质性的"夺权"斗争并未展开，议会只是逐渐侵蚀国王的关税权而已。查理一世即位后，议会虽然曾经一反多年来在新王登基之初便授予他关税补助金和桶税与镑税终身课征权的传统，只批准他课征为期一年的关税，但是一年后查理一世仍然无视议会的抗议而继续征收不止。可见，议会的这一做法虽然意义深远，然而于议会的关税权而言，至少在当时并未取得太多的实质成果。在1629年的议会会议上，也曾上演过"革命的一幕"，群情激奋的议员把宣读议会休会令的议长强行按在椅子上，通过了一项坚决抵制国王不经议会同意而课征桶税和镑税的决议案，但实际成效依然有限。

议会争夺关税权的斗争在"长期国会"上取得了实质性突破。1640年11月3日，"长期国会"开幕伊始议会就对国王的关税权展开了猛烈攻击，并且宣布废除船税、桶税和镑税等一切未经议会同意的非法税收。迫于议会的压力，查理一世承认了桶税和镑税的议会课征批准权。

内战的爆发，为议会暂时性地完全控制关税课征权提供了契机。

首先，议会再次重申，课征任何未经议会批准的桶税和镑税都属非法，并且委任一个议会委员会，对非法课征事宜着手调查。调查以"清算旧账"的方式进行，在查明以前关税包税商的包税情况之后，即给予他们一笔150000镑的罚款，理由是他们从未经议会批准的关税包税中非法获利。[1]

其次，确定了议会的关税税率制定权。"长期国会"在广泛征求意见的基础上，制定了作为关税课税依据的新税率册，并且以议会法案的形式予以确认，从而把关税税率的制定权从国王手中转移到自己手里。

最后，议会对关税税收实行直接征管制，由忠于议会的关税税收委员会负责。首个关税税收委员会主要由忠于议会的伦敦银行家组成，其中包括托马斯·安德鲁斯和约翰·福克。1645年2月，新一届关税税收委员会成立，塞缪尔·埃弗里和克里斯托弗·帕克名列其中。后来，关税税收委员会虽然又几经调整，但其成员多忠于议会。在1654年财政署复设前，关税税收委员会所征敛的关税收入，都直接送交海军司库处或者用于指定的用途。在财政署复设后，除关税管理官员薪俸外的所有关税收入，都要上交财政署，每周上交一次。此外，财政署每年都要对关税税收委员会的账目进行审核。[2]这样，议会就通过自己控制的关税税收委员会和财政署加强了对关税的全面管理。

这一时期，不经议会批准而课征关税为非法的观念，已经深入民心，并为民众自觉维护，这就从客观上强化了议会对关税权的控制。奥利弗·克伦威尔就任护国公后，曾试图追随先例，一度不经议会批准而继续课征关税。这引起了广泛的民众骚动，遭到了坚决抵制，其中最为典型的是乔治·科尼兄弟讼案。当科尼兄弟因不经过海关私自储存入关货物而受到指控并遭到处罚时，他们拒交罚金，因为他们认为不经议会同意课征关税为非法，奥利弗·克伦威尔单凭法令根本无权课征关税。尽管该讼案中有三名律师因之入狱，并且小乔治·科尼与护国政府达成了庭外和解，但是鉴于此次教训，特别是面对民众的坚决抵制，之后奥利弗·克伦威尔总是在议会批准后方才课征关税。[3]可见，民众有关关税课征批准权在议会的观念，以及他们对这一议会权力的维护，有力地

---

[1] M. Ashley, *Financial and Commercial Policy under the Cromwellian Protectorate*, p. 50.

[2] M. Ashley, *Financial and Commercial Policy under the Cromwellian Protectorate*, pp. 51—52.

[3] M. Ashley, *Financial and Commercial Policy under the Cromwellian Protectorate*, p. 55.

推动了议会关税权的强化。

由上可见，1642—1660年，由于王权倾覆和议会的胜利，关税演变为处于议会直接控制下的间接税。不过，需要注意的是，关税的性质是由政体的性质决定的，而议会胜利和议会主权还是暂时的，1660年的王权复辟宣告了这一切的结束，因而，这一时期，议会关税权的强化，自然就不可避免地具有了"暂时性"的特征。

第三节　缺乏日常操控权的议会关税

1660年的王权复辟，从表面上看来，似乎意味着历史的车轮在前进了一圈之后，又倒转回了原来的出发点。但是，实际上，长期以来议会与王权斗争的成果，特别是自内战爆发18年以来所发生的许多变化，是不可逆转的。关税性质在动荡中所发生的变化，在复辟时期得到了维持，这时期的关税从本质上看仍然是一种议会间接税。

王权复辟后，确认了自1640年以来关税权所发生的巨大变化。首先，国王承认，桶税和镑税的课征权在议会，其课征有赖议会的批准，否则即为非法。其次，议会确认关税附加税为非法关税。最后，议会获得了新关税税率的制定和调整权。由于关税附加税根据单独的税率册课征，因此，为了弥补关税附加税停止课征带来的收入损失，就有必要制定新的关税税率册。[①]关税税率册由议会签署发布，国王和谘议会无权干涉，所以自此以后关税课征凭借的是议会的权威，根据的是议会制定的税率册。也正因此，M.J.布拉迪克指出，人们对1640年以前关税的性质有不同看法，争议较大，但1660年之后，毫无疑问，关税已处于议会

---

①　新关税税率册由1660年7月28日的桶税和镑税法案予以确认。该法案重新调整了71种进口商品（约占进口商品门类总数的1/6）和58种出口商品（约占出口商品门类总数的1/3）的关税税率。参见C.D. Chandaman, *The English Public Revenue 1660—88*, pp. 12—13。

的控制之下。①

但是，同时需要看到的是，这时议会对关税的控制，因为缺乏日常操控权而大打折扣。这主要是由于非常国会批准国王可终身课征关税造成的。查理二世即位后，财政状况极为窘迫，护国公留下了1555763镑12先令10便士②的债务，他自己流亡期间的债款和其父在位时的欠债，总额也高达529600镑，③此外，还要支付每天61000镑的海陆军军费。④在这种情况下，非常国会批准国王可终身课征关税和消费税，以维持其日常财政运作，关税和消费税收入即成了国王的正常财政收入。因此，现在的关税在本质上虽然是一种议会间接税，但是由于赋予了国王关税的终身课征权，议会实际上失去了对关税的日常操控权。

这主要表现在对关税的日常管理上。复辟初年，关税继续由关税税收委员会管理，然而，由于按照议会颁行的新税率册课征的关税实际收入远低于预期收入，所以，1662年复辟王权再次实行了关税的包税制。在关税包税制下，关税收入虽然能够在很大程度上得以保证，但是，这也意味着，根据包税合同议会无权操控关税的日常管理。而且即使在1671年抛弃包税制，实行关税税收委员会管理后，关税的日常管理仍然主要操控在国王手中，因为关税税收委员会的成员任命主要由国王决定。如1684年3月，达德利·诺斯爵士就在国王查理二世的授意下进入关税税收委员会；詹姆斯二世继承王位后，也立即把忠于自己的约翰·沃顿安插进该委员会。可见，负责关税日常管理的关税税收委员会，实际上是处于国王控制下的便宜管理机构。

因此，复辟时期的关税性质极其特殊，是一个复杂的矛盾结合体。

---

① M.J. Braddick, *The Nerves of the State: Taxation and the Financing of the English State, 1558—1714*, p. 49.对于关税性质的这种转变，D.L.史密斯指出，王权复辟后，关税和消费税收入虽然依旧属于国王的正常财政收入，但是，与1625年以前相比，不同的是，现在这些正常财政收入有赖议会批准，其主要组成部分是议会税收，而之前却主要凭借国王的特权课征，无须经过议会同意，主要组成部分是非议会税收收入。参见D.L. Smith, *The Stuart Parliaments, 1603—1689,* London: Arnold, 1999, p. 60。

② W.A. Shaw (Prepared), *Calendar of Treasury Books, 1681—1685*, Vol. VII, p. xii.

③ M. Jurkowiski, C.I. Smith & D. Crook, *Lay Taxes in England and Wales, 1188—1688*, p. lvi.

④ W.A. Shaw (Prepared), *Calendar of Treasury Books, 1660—1667*, Vol. I, p. xxv.

一方面，从根本上说，由于议会拥有关税的课征批准权和税率册的制定与调整权，其性质当属于议会间接税。但是，从另一方面看，由于国王可终身课征关税，并且控制着关税的日常管理权，其议会间接税属性必然要受到相当程度的冲击，议会的关税权变得残缺不全。

第四节　议会关税权的全面加强

"光荣革命"标志着英国近一个世纪以来的主权之争以议会的胜利而告终。自此以后，王权逐渐衰弱，议会权势日增，逐渐建立起一套现代议会财政管理制度，完善了对国家的财政控制，国家权力的平衡越来越倾向于议会一边。与这一权力结构转变同步，议会的关税权也全面加强，最终关税成了完全处于议会严格控制下的间接税。

议会全面加强关税权的原因，总的看来，主要是基于对复辟时期在财政拨款上过于慷慨的历史教训的反思。复辟初期，议会之所以授予国王关税的终身课征权，除前已述及的原因外，还主要是因为，当时议会预计，国王年收入只有达到120万镑，才能满足正常支出需求，而1661—1662年，包括关税在内的国王正常财政收入，总共才只有544911镑。在这种情况下，议会根本无须担心王权会摆脱自己的财政控制，因为，显而易见的是，国王必须依赖议会的临时性税收才能满足支付需求。然而，事情的发展完全出乎议会的预料。在各种因素的共同作用下，特别是由于工商业经济和对外贸易繁荣的推动，[①]关税收入由

---

① 下列数据充分说明了复辟时期英国工商业经济和贸易的增长情况。1660—1688年，英国的商船吨位扩大了一倍。在王权复辟后的40年间，英国的进出口总额从每年约400万镑增长到600万镑。在1640年以前，英国的出口几乎只有毛呢一种商品，但是，17世纪末毛呢的出口已不到总出口量的一半，从60年代到世纪之末，除毛呢之外的其他工业品出口，输往欧洲的增长了18%，输往殖民地的增长了200%，尽管这还只占外贸总额的8%左右。参见钱乘旦、许洁明《英国通史》，上海社会科学院出版社2002年版，第188—189页。

1660年代的年均372440镑，增至1675—1685年的年均560000镑，[1]1686—1688年又分别增至1012950镑13先令0.75便士、942292镑1先令8便士、929770镑7先令7.25便士。[2]结果，1685—1688年国王的合计财政盈余已高达298599镑1先令10.25便士，[3]这自然削弱了议会的"钱袋子控制权"。结果，随着关税和消费税收入的增加，国王的日常财政收入迅速增长，其财政状况从债台高筑转向多有盈余，相应的，詹姆斯二世也试图借此摆脱议会的控制，建立绝对专制王权。

有鉴于此，"光荣革命"后，下院议员痛定思痛，对复辟时期过于慷慨地批拨给了国王过多款项的失误之举进行了反思。议会认为，詹姆斯二世敢于有恃无恐地以身试险，试图建立绝对专制王权统治的原因，是由于他们批拨过多款项，使得王权有了财政上的盈余。过去的教训刻骨铭心，因此，1690年3月至4月间，议会通过财政法案把国王收入划分为正常财政收入和议会特别拨款两部分，国王的正常财政收入仍然由关税和消费税提供。然而，与以前不同的是，议会仅允许国王威廉三世终身课征一部分消费税，而不再授予关税的终身课征权，只批准其可连续课征4年（1694年时又改为5年）。[4]

议会的这一做法至少有两方面的重要意义。其一，再次打破了原来的关税批准课征传统，确保了议会的关税课征批准权。长久以来，议会在国王登基之初便授予他关税终身课征权已成惯例。只有查理一世即位时的1625年，议会曾一度打破这一传统，仅批准其课征为期一年的关税。但是，这却并没有妨碍查理一世继续自行课征关税。也就是说，议会对这一传统的打破并未取得多少实质性效果。而且更为重要的是，王权复辟后又恢复了以往的传统，从而使得议会的关税课征批准权在很大程度上流于形式。因而，"光荣革命"后，议会对原来关税课征批准传统的再次打破，并且予以严格执行，自然就具有了非同寻常的意义。因为，在特定的国王关税课征期满后，只有经过议会再次批准才能课税，

---

① D.L. Smith, *The Stuart Parliaments, 1603—1689*, p. 60.

② British Library Additional Manuscript, 29990, f4.

③ Public Record Office, T35/5.

④ C. Roberts, "The Constitutional Significance of the Financial Settlement of 1690", *The Historical Journal*, Vol. 20, 1977, p. 62.

就使得关税课征批准权牢牢控制在了议会手中。其二，仅仅授予国王4年或5年的关税课征权，就在确保了议会经常召开的基础上，全面加强了议会的关税课征权，及其对关税日常管理的控制权。1689—1691年、1692—1694年、1699—1701年，国王的年均财政支出分别高达1448824镑、1519782镑和2202492镑，而年均财政收入却仅为1041066镑、942179镑和979552镑，这其中关税年均收入为372772镑、392196镑和465496镑，[①]分别占财政收入的35.81%、41.63%和47.52%，具有极其重要的地位。这就意味着，如果不定期召开议会，以获得关税课征权，继续课征关税的话，原本巨额的财政赤字将进一步迅速增加。因此，在这种国王再也无法"依靠自己生活"，只有依赖议会才能维持生计的情况下，国王就必须经常召开议会，以获得议会的财政支持。以此为契机，议会不但确保了关税的课征批准权，而且还通过处于自己严格控制下的国库委员会，全面加强了对关税的日常管理权，从而使关税转变为彻头彻尾的议会间接税。

综上所述，可以认为，中世纪和现代早期，英国的关税在坚守与改革之间，逐渐完成了性质上的演变。这一演进过程，大体可划分为四个阶段。

中世纪和1642年前的现代初期为第一阶段。无论是在关税的起源与课征确立上，还是在关税的课征控制权中，国王的个人特权和权威都无处不在。议会虽然也或多或少地参与其中，但总的说来，它只是在名义上拥有关税的部分课征权和控制权。也就是说，这时的关税就其性质上看还主要是国王的一种特权税。

1642—1660年是第二阶段。在这一阶段，随着议会在与王权斗争中的胜利，关税权也最终转到了议会手中，成了议会直接控制下的间接税。但是，议会的胜利是暂时的，因此，关税的议会间接税性质也就不可避免地具有了"暂时性"特征，从特定的维度，反映了"改革"中的坚守。

复辟时期（1660—1688年）为第三阶段。关税的课征批准权在本阶段仍然控制在议会手中，因此，关税在本质上应属于议会间接税。但

---

① C. Roberts, "The Constitutional Significance of the Financial Settlement of 1690", p. 63.

是，由于议会同时批准国王有权终身课征关税，因而，议会的关税权又残缺不全。关税性质无论是在"坚守"上，还是在"改革"上，都呈现出明显的过渡性特征。

"光荣革命"后至18世纪早期是第四阶段。在本阶段，随着议会在与王权的主权之争中的最终胜利，其财政收入上的控制权全面加强，关税最终彻底演变为处于议会严格控制下的间接税。这标志着关税在不断"改革"中，基本完成了其性质上的转变。

第五章

财政借款（—1642年）

　　财政借款是借贷的特殊形态。在整个中世纪和1642年以前的现代初期，英国王权及其政府在财政上经常入不敷出，赤字严重。为满足财政急需，维持财政收支平衡，它们经常进行财政借款。因而，财政借款收入成了财政收入的重要组成部分。[①]

　　一般而言，财政借款是以信用方法获得财政收入的一种形式。但是，在1642年以前，英国的财政借款并不总是依靠信用获得，存在多种财政借款方式。根据是否支付利息，1642年以前的英国财政借款，可以分为无息强行借款和有息借款两大类。其中，有息借款又可以根据借款的地域不同，分为海外有息借款和国内有息借款两类。这些借款的形式、性质和担保方式有着较大区别，应予以严格区分对待。

　　西方学术界有关1642年以前英国财政借款的研究成果数量较多。不过，绝大多数论著的研究重点是国王与海外借贷市场的关系、财政借款

---

　　① 　E.B.弗里德和M.M.弗里德在论及欧洲西北部的公共信贷时，概述了公共信贷的主要特点，以及中世纪英国公共信贷史的发展阶段和特征。他们再次批判了"信贷在中世纪最多只发挥次要作用"的观点，同时还指出，那种把"中世纪统治者的债务"看做"统治者个人的私人债务"的看法，"是当时流行的、纯粹个人化的主权观念的必然结果"。实际上，中世纪的王侯一般都把私人债务和王国债务进行了区分。比如"在英王爱德华三世的遗嘱中"，就"把自己的债务与为王国和战争需要而借的债务清楚地区分开来，他期望自己的继承者能够偿还后者"。E.B.弗里德还把英国的公共信贷史划分为三个不同的阶段。即在亨利二世时期到13世纪中期，贷款在王侯们的财政中只是发挥着次要的作用，是稳定皇室财政的方法。在接下来的80年中，即一直到14世纪中叶，王侯们能够自由地利用一连串重要放贷人的资金资源。在14世纪下半叶，英国的统治者在寻找放贷人方面开始出现困难，在兰开斯特王朝统治时期，这种困难更为严重，并导致了15世纪中期皇室信贷的破产。在爱德华四世和亨利七世的统治下，贷款在王室的财政中只发挥了相对次要的作用。参见[英]E.B.弗里德、M.M.弗里德《公共信贷——特别就欧洲西北部而论》，载[英]M.M.波斯坦等主编《剑桥欧洲经济史》第3卷，第368—388页。E.B.弗里德和M.M.弗里德的观点无疑深具启迪意义。在国王一身二任，既是最高封建领主，又是国家最高统治者的中世纪英国，单纯从财政借款的用途上看，它确实在某种程度上具有"公债"的性质。然而，从借款担保、借款手段和借款对象上看，总的说来，这时的财政借款，本质上应属于"私债"的范畴。

的形式和过程，而对财政借款性质的系统研究相对薄弱。因此，有必要在对1642年以前财政借款进行分类研究的同时，通过对借款担保、借款对象发生变化的原因等问题的分析，就财政借款的性质做些探讨。

第一节　无息强行借款

无息强行借款是指国王凭借个人特权，通过御玺署印的借款书举借的款项。这类借款不但无须支付利息，有时甚至连本金也不偿还，而且即使偿还本金，对国王来说也只不过是卯粮寅用，不会给财政支出造成任何负担。因此，仅从财政收入角度看，无息强行借款对国王有利无害。

当无息强行借款借而不还之时，无息强行借款便类似于作为国王特权税的"献金"。当然，二者也有明显的不同之处。"献金"因所借款项不需偿还，因此实际上是一种无须经过议会同意的特殊"税收"。另外，"献金"往往因军事目的而课征，[①]所以，"献金"收入通常不是由财政署，而是由某个王室部门管理。如1474年的"献金"由国王的锦衣库管理，1496年的"献金"由国王的私室管理，亨利八世课征的包括"献金"在内的各种特权税，均由王室金库管理，1614年的"献金"同样也由特别任命的王室官员管理。而无息强行借款却与之不同。一是，在款项举借之初，国王总允诺届时将予以偿还；二是，无息强行借款并不一定用于军事目的；三是，无息强行借款有自己特定的借款程序。

无息强行借款的借款程序，创建于理查德二世时期，一直到都铎王朝末期，基本程序都没有发生太大的变化。形式上的借款书由御玺

---

① "献金"课征的理由是，国王有权要求其臣民为保卫王国而提供财政帮助。历次"献金"的征收借口概都如此，如1474年、1481年、1491年和1525年的"献金"，都是为了筹措保卫王国的军费。詹姆斯一世时征收的"献金"，虽然没有用于直接的军事行动，但也都主要用于了军事目的。

署印，并向出借方声明借款的原因，然后将借款书送递各郡的借款委员会。各郡的借款委员会把他们认为有能力出借款项的人员名单填附其上。在各郡的借款委员会和出借方就借款数额达成一致后，双方签订契约。契约上注有出借方提供借款的日期，以及借方借款的归还之期。有时，契约上还注明将由何种收入偿还借款。出借人持有契约的一半，作为日后索要出借款项的证据，契约的另一半则送交财政署留存。

都铎王朝时期，无息强行借款的范围迅速扩大，频率也空前增加。1496年，亨利七世在对臣民财富详细调查的基础上，以御玺署印的借款书大范围借款。亨利八世也分别于1522年、1523年、1542年和1544年强行借款。前两次借款范围宽泛，向所有纳税人举借；后两次范围较小，主要是向富人借款。在这四次无息强行借款中，只有1544年的借款得以偿还，其余三次最终都以议会法案的形式批准了其举借的合法性，借款偿还不了了之。①与亨利七世和亨利八世相比，玛丽一世无息强行借款的次数更多，借款的方法也更为简单有效，常以补助金征税册或以前出借者的名单为依据，确定款项出借人。1557年以后，借款书上还附有借款机构下发给出借人的指令，以及出借和偿还的具体条件。在某种程度上，无息强行借款虽然具有"契约"借款的色彩，但是，拒不借款给国王者，将受到约束，乃至惩罚。1556—1557年，玛丽一世下令，把拒绝借款者羁押至枢密院，直到他们同意借款才解除羁押。这一事例典型地说明了无息强行借款的强制性。伊丽莎白一世统治期间，曾分别于1562—1564年、1569—1572年、1588—1589年、1590—1591年、1597年、1600年，先后通过御玺署印的借款书强行向臣民无息借款。在这6次无息强行借款中，以1600年的借款最为特殊，因为该次借款的对象主要是侨居伦敦的外国商人；以1588—1589年的借款最为成功，成功的主要原因是当时英国刚刚战败了西班牙无敌舰队，民族热情空间高涨。

詹姆斯一世统治时期，以御玺署印的借款书进行无息强行借款的事情，一共发生过2次，借款时间分别是1604年和1611年。在查理一世统治期间，以同样方式进行的无息强行借款，总共有3次，时间分别是

---

① F.C. Dietz, *English Government Finance, 1485—1558*, pp. 168—175; M. Jurkowiski, C.I. Smith & D. Crook, *Lay Taxes in England and Wales, 1188—1688*, p. xlviii.

1625年、1626年和1628年。詹姆斯一世和查理一世的无息强行借款遭到了社会各界的普遍反对，征收结果不尽如人意，尤以1626年和1628年借款为甚。[①] 这两次无息强行借款在遭到了民众的拒绝，甚至是有组织的抵抗后，最终不得不放弃了事。

第二节 海外有息借款

与无息强行借款不同，有息借款多通过协商，或以各种条件作为利诱进行。有息借款不仅要偿还本金，而且借款利息有时还非常高。因此，从财政支出角度看，有息借款不仅是寅吃卯粮，而且还是升入斗出，最终会加剧财政失衡。这在海外有息借款上有典型体现。

都铎王朝时期，英王的海外有息借款多来自当时的商业和金融中心安特卫普。[②] "亨利八世3年内自安特卫普的借款总额不低于100万镑，其中的75000镑到他去世时仍然没有偿还。"[③] 与亨利八世相比，伊丽莎

---

① "1625年至1635年4月间，查理一世以御玺和其他途径获得的借款总额为290365镑，其中的25069镑赠作了巴拉丁伯爵的防御军资。1635年7月，御玺借款中还有177192镑未曾偿还，其中包括欠霍兰伯爵的17192镑。"参见M.J. Braddick, *The Nerves of the State: Taxation and the Financing of the English State, 1558—1714*, p. 86。

② 对英王经常向安特卫普借款的原因，赫尔曼·范德尔·维指出："在1544—1574年间，英国国王为了保证不受庞大的英国商人公司以及后来的伦敦公司的束缚，而经常向安特卫普的金融市场寻求短期贷款。"参见[比]赫尔曼·范德尔·维《货币、信贷和银行制度》，载[英]E.E.里奇、C.H.威尔逊主编《剑桥欧洲经济史》第5卷，高德步、蔡挺、张林等译，经济科学出版社2002年版，第351页。

③ R.B. Outhwaite, "The Trials of Foreign Borrowing: The English Crown and the Antwerp Money Market in the Mid—Sixteenth Century", *The Economic History Review*, 2nd, Vol. XIX, 1966, p. 290. F.C.迪茨的统计数据和观点，与R.B.乌思怀特有所不同。F.C.迪茨指出，1547年1月亨利八世去世时，他自安特卫普举借的款项中，总共还有80000镑没有偿还，原因是这些借款还未到偿还期。1547年2月，其中的60000镑到期时，爱德华国王及时予以了偿还。1547年8月，另外20000镑到期时，又为爱德华国王成功续借。因此，亨利八世在海外金融市场上信誉良好。参见F.C. Dietz, *English Government Finance, 1485—1558*, p.174。

白一世自安特卫普的借债（1558—1574年）相对较少，不过，绝对数额仍然十分巨大。例如，"1560年，她从安特卫普的借款总额高达279000镑，比女王一年的正常岁入还多"[1]，大约相当于商人冒险公司所从事的英国和安特卫普间布类贸易总额的1/2或1/3。

都铎王朝的君主们的确从安特卫普借到了大量款项，暂时满足了财政急需，但是，海外借款的不便和不利之处也格外明显，主要表现在以下三个方面。

首先是借款担保问题。商人仅凭借自己的诺言和声誉，就足以在安特卫普金融市场借款，这主要是因为，诺言和声誉是商人谋生的前提。然而，对拥有强大的政治，甚至是军事权力的特殊借款人英国国王而言，声誉和个人诺言却远不能作为借款的担保，他们借款需要一些大商人或公司（尤其是伦敦的商人和公司）出面作保。

其次，偿还周期短，难以满足英王长期借款的需求。16世纪晚期和17世纪早期，安特卫普金融市场还不发达，市场上流通的信用票据，主要是为了迎合商业贸易的需要，而不是专为借贷设计。[2]同时，当时盛行于金融市场的借贷主要是短期借贷，数额较小，而且借贷者主要是商人，借贷的主要目的是购买商品，商品一旦卖出，借款商人即清偿借款。与商人借贷不同，国王的借贷，不但借款数额巨大，而且周期较长，安特卫普金融市场难以满足其借款需求。因此，当国王的短期借款到期，放款人又不想延长借款期限，要求立即收回所借款项，而且英国的国王又无法筹措到新的款项以偿还旧债时，其海外借款代理人将陷

---

[1]　R.B. Outhwaite, "The Trials of Foreign Borrowing: The English Crown and the Antwerp Money Market in the Mid—Sixteenth Century", p. 290.

[2]　安特卫普作为金融中心存在的基础，或者说存在的前提，是它所从事的商业贸易。金融家放款时，总是首先考虑他们的商业利益。因此，金融家向借款者所提供的不全是现金，有时是部分商品，部分现金，甚至全部是商品。而且，金融家用于放款的商品价格远高于商品的市场价格。如1587年荷兰议会依托英国伊丽莎白一世和伦敦市政会担保，向帕拉维辛纳（Palavicino）和斯皮纳拉（Spinola）的借款。当时，荷兰议会所借到的只有一小部分是现金，其余的大部分是明矾，而且这些明矾的放贷价格远高于市场价格，这导致荷兰议会不愿偿还借款。放贷人在向借款人索债无果之后，转而向其保人——英国女王和伦敦市政会施压，要求他们履行担保人义务。该事件的必然后果有二：其一，它破坏了英荷关系；其二，英国开始对国外借款失去兴趣。参见R.B. Outhwaite, "The Trials of Foreign Borrowing: The English Crown and the Antwerp Money Market in the Mid—Sixteenth Century", pp. 292—293.

于困苦烦闷、左右为难的尴尬境地。这种情况曾经在1563年夏天出现过。是年8月，英国从荷尔斯泰因银行家保罗斯·布罗克道雷夫和莫里茨·兰卓夫处举借的11000佛兰德镑贷款再次到期，应按约偿还。这笔最初举借于4年前，并且曾经成功展期的借款，本来还有望再次续借。但是，这时"布罗克道雷夫和兰卓夫突然失去了耐心，他们通过其在安特卫普的代理人，要求英国立即偿还，并威胁说，'如果英国不迅速偿还的话，他们将被迫诉诸法律，并逮捕英国在安特卫普的代理人'"①。后来，伊丽莎白一世在安特卫普的代理人格雷沙姆，在贿赂了布罗克道雷夫和兰卓夫的安特卫普代理人后，方能再次使该笔借款展期，个人处境也才得以转危为安。

最后，除高额利息外，国王还常常不得不为借款支付一些额外费用。例如运输费和铸币费。伊丽莎白一世欠保罗斯·布罗克道雷夫和莫里茨·兰卓夫的借款又一次到期后，决定偿还。在英国舰队的保护下，将价值12000镑的纯金银块运到安特卫普。然而，在安特卫普用于支付的却只能是铸币，而不是纯金银块。这意味着，运输和铸币又花去了不少费用。又如期票或个人汇票在兑换过程中的贬值。有时，英王会以在安特卫普借得汇票，然后到伦敦兑换的方式，获得借款。这可能会节省不少运输费用。然而，随之而来的问题是，国王在伦敦兑换期票或个人汇票时，票据往往会因各种情况而贬值。因此，国王实际上借得的数额，远低于票据的标记额。同样的情况在国王偿债时也会发生。当国王以伦敦的期票或个人汇票在安特卫普兑换时，兑换到的实际数额往往也低于票据的标记额。由国王承担的票据额和实际兑得额之间的差额，成为海外借款的另一额外支出。

以上三点表明，英王根本无法主宰自己与安特卫普金融市场的借贷关系，不能对其施展君威，而只能任其摆布。因此，1574年以后，伊丽莎白一世决定不再举借外债。1575年至1587年间，英国严格履行不举借外债的政策。1588年时，伊丽莎白一世虽然又因为对低地国家、法国和爱尔兰的军事行动，而不得已再走举借外债之路，但她牢记安特卫普借

① R. B. Outhwaite, "The Trials of Foreign Borrowing: The English Crown and the Antwerp Money Market in the Mid—Sixteenth Century", pp. 293—294.

债的教训，借债不多，并极力避免以债偿债。①也就是说，在1574年以后的伊丽莎白一世统治时期和斯图亚特王朝早期，英王的财政借款最主要地来自国内。

第三节　国内有息借款

国内有息借款能否顺利进行，主要取决于三个关键要素，即债务清偿能力、借款担保和利息。斯图亚特王朝早期，国王财政赤字日增，其债务偿还能力备受质疑，因此，举借国内有息借款较为困难，不得不或者以自己的财产（或即将获得的收入）为抵押举借款项，或者通过中间人的担保进行借款。国王的借款利息也因为上述原因而居高不下，年息在10%左右徘徊，如1608年、1610年和1617年的三次借款。②1608年，国王意欲借款70000镑，但鉴于1604年无息借款偿还的拖延，放贷人多不愿意把款项借予国王，几经周折，国王方才借到了69000镑，借款年息为10%。1610年4月国王再次经伦敦市政会借款时，不但借款年息仍为10%，而且所借之款项还不得不采取每月分期借款的方式借入，月借入额为25000镑。1617年1月22日的借款为期一年，借款年息

① 1574年以后，英王的借款主要来自国内。国内借款不但借贷成本较低，而且国王可凭借自己的特权控制借贷关系。"1575年到1603年间，女王的国内借款共461000镑，其中只有85000镑是有息贷款，其余全部为无息贷款。"参见R.B. Outhwaite, "The Trials of Foreign Borrowing: The English Crown and the Antwerp Money Market in the Mid—Sixteenth Century", p.305.

② 当然，也有例外，如1604年的借款。1604年8月22日，詹姆斯一世首次举债。他试图从伦敦市政会借得20000镑，但是，伦敦市政会最终只同意借给国王15000镑。款项的最后出借方是伦敦制衣公司（12家大制衣公司承担了借款额的4/5），伦敦市政会充当了借款立约人的角色。该次借款为无息借款，国王最终借到了14924镑10先令。1606年3月24日借款到期，但是詹姆斯一世无力偿还，直到这年的12月，他才偿还了1604年借款的大部分，其余欠债的偿还一直拖到了1608年的3月24日。参见R. Aston, *The Crown and the Money Market, 1603—1640*, Oxford: Oxford University Press, 1960, pp. 115—117.

依旧为10%。与这三次借款相比，1625年的借款年息稍有下降，但仍然高达8%。[①]

自1620年代后期起，伦敦地区再不愿意为国王提供有息借款，因为经伦敦市政会之手给国王的借款不但没有给伦敦市带来什么好处，相反，由于国王孱弱的清偿能力，反而损失颇多。国王的国内有息借款日趋困难。

当然，这并不意味着国王在国内有息借款方面无计可施。与其他借款人不同，1642年以前，国王还拥有一系列封建特权，他可以通过一些特权的恩赐或收回，使用"胡萝卜加大棒"政策，劝诱或胁迫放贷人出借款项。比如通过包税权的赐予或收回，诱迫包税商人出借款项。包税权指国王出租某些税收或收入征敛权，并以租金的形式，提前获得一定收入的权力。承租征敛权者被称为包税商人。包税权的"承租"意味着包税商人只要按时缴纳租金，就可在一定时期内分享国王的某些收入，所能分享的收入额，为其征敛到的税收额或收入额与上缴国王租金额之间的差额。

在整个斯图亚特王朝早期，包税商人从包税中获得了丰厚的收益，因而他们都意欲包税，于是，国王便利用包税权，迫使或利诱包税商人为其提供借款。提供借款的主要方式是在国王支付利息的前提下，提前支付本年、下一年或更迟些年份的包税租金和透支本年度包税租金额（透支额为国王实际得自包税商人的款额，减去包税租金后的差额）。詹姆斯一世统治时期，关税包税商人提前交给国王的本年度包税租金额、下一年度包税租金额和包税租金透支额，分别为237946镑、33760镑和235264镑。[②]在查理一世统治时期的1625—1639年间，关税包税商人提前交给国王的各类款项还要多，其中，提前上交的本年度包税租金额为116654镑，下一年度包税租金额为367085镑，更迟些年份的包税租金额为111500镑，包税租金透支额为333220镑。[③]这些数字的增长还表

① R. Aston, *The Crown and the Money Market, 1603—1640*, pp. 117—127.

② R. Aston, "Revenue Farming under Early Stuarts", *The Economic History Review*, 2nd, Vol. VIII, 1955—56, p. 314, Table. 1.

③ 根据R.阿斯顿《斯图亚特王朝早期的包税制》第316页表格2的数据计算得出。参见R. Aston, "Revenue Farming under Early Stuarts", p. 316, Table. 2.

明，查理一世凭借包税权获取的长期借款，比詹姆斯一世要多得多，主要表现在包税商人向国王缴纳的更迟些年份包税租金额的增长上。

综观1642年以前的英国财政借款，不难发现，尽管不同形式的财政借款的借款担保、对象和手段有所不同，而且在不同时期，同一种财政借款形式的内涵也有所变化，但有两点是确定无疑的。

其一，国内无息强行借款多与国王特权密切联系在一起。这种借款虽然有特定的程序，并且还具有"契约"借款的色彩，但是"无息"和常常借而不还，以及拒不借款者会受到羁押，甚至惩罚，特别是议会还曾以法案的形式批准其合法性，却足以表明，国内无息强行借款凭借的是国王的个人特权。这典型地体现了以国王和王室为中心的"王室财政"体制的特征。也正因如此，这一时期的财政借款实际上应称为"国王借款"。不过，同时需要看到的是，与都铎王朝时期相比，斯图亚特王朝早期国内无息强行借款次数的减少，意味着财政借款的性质正在发生潜移默化的变革，"特权"借款的色彩开始逐渐淡化。

其二，国内外有息借款的性质在"坚守"之中发生着某些变化。在1642年以前，国王的有息借款主要是为了满足财政急需和维持财政平衡，因此，通常在财政急需时方才举借，多为短期借款，借款利率也非常高，[①]不利于财政的正常运作。而且这时的有息借款还没有一套完整的筹借方案，国王举借之时，需要以自己的财产，或者以即将获得的收入为抵押，无抵押则要依托中间人的担保，比如国王在伦敦举借有息借款时，依托的是伦敦市政会的担保。此外，因为国王常不能及时还本付息，所以利息常在借款之初就从借款中扣除，这不但导致了国王实际上借得款额的减少，而且还使得其债务规模不断扩大。这些都是1642年以

---

① 都铎王朝和斯图亚特王朝时期，议会曾以立法的形式对私人借款的利率作出过一系列限制性规定。1487年和1495年，议会分别通过法案对私人间的高利放贷利率作出限制，但是，1546年的议会法案又将其废除，随之，私人借贷的利率高达10%。1552年，议会法案再次对私人间的高利放贷利率实施限制，但是1571年时限制又再次解除，利率亦又高达10%。后来，随着借贷市场的发展，私人借款的利率有所下降，1623年利率降至8%，1651年又进一步降至6%。然而，国王借款和私人借款不同，不但议会法案从未对国王借款的利率作出过限制性规定，而且即使在私人借款利率全面下降时，国王的借款利率仍然非常高。这可能与国王的特殊借款身份以及其信用有关。参见P.G.M. Dickson, *The Financial Revolution in England: A Study in the Development of Public Credit*, pp. 39—42。

前国王有息借款上一以贯之的特点，也是"王室财政"体制在有息借款上的体现。然而，其中的某些特点，在斯图亚特王朝早期发生了一些变化，最为典型地体现在国王利用包税权自包税商人处的有息借款上，即这个时期利用包税权的有息借款在某种程度上逐渐具有了长期借款的特征。

上述之外，还需要进一步说明的是，在1642年以前，国王及其政府的财政借款，之所以多为短期贷款，而且举借困难，主要还与两个因素密切相关。一是，当时的借贷市场还不发达，信用组织规模尚小，借贷手段也较为原始，严格的债务偿还制度更没有建立，放贷者对国王的个人信用深表怀疑，无力也不愿意为国王提供贷款，特别是长期贷款。二是，当时的议会税收还不是"常税"，税收收入的绝对量较小，在财政收入中所占比例偏低，难以为国王的有息借款提供强有力的担保，而且议会也不愿意以议会税收为国王的借款提供担保。这也正是"王室财政"体制和议会财政体制下，议会在财政借款上的态度和作用的最大不同之处。

第六章

国债的源起、发展及历史作用

国债是财政收支的特殊形式。国债"与生俱来"的功能之一，是能够迅速筹集资金，以满足财政需求，特别是战时巨额的财政急需。基于此，M.J.布拉迪克认为，从某种意义上讲，"正是国债催生了现代财政"[①]。在西方学术界，有关英国国债的研究，一直深受关注，有数量众多的研究成果问世。不过，在对这些研究成果作细致的爬梳之后会发现，许多研究成果，或者因为单从历史的角度入手，或者因为忽略了国债与1642年以前的财政借款的关系，而得出了失之偏颇的结论。因此，有必要从国债与1642年以前财政借款比较的角度入手，借助国债学的有关理论，对1660年至19世纪早期英国国债的源起、发展及历史作用加以诠释。

第一节　财政借款的变化与国债的形成

国债的产生，在很大程度上，是复辟时期的国库等中央财政管理机构，综合利用借款担保、借款利息和偿债能力三要素进行财政借款的产物。复辟时期的财政借款，无论是在借款性质上，还是在借款担保上，与1642年以前相比都有了本质的不同。1642年以前，财政借款实际上是国王借款，本质上应属于私债的范畴。之所以这样说，是因为当时用作借款担保的主要是国王的个人收入或大商人、大公司等的信誉。另外，1642年以前的财政借款多属强行借款，债权人出借款项给国王时多不自

---

① M.J. Braddick, *The Nerves of the State: Taxation and the Financing of the English State, 1558—1714*, p. 44.

愿。复辟之后，强行借款很少再发生，而且财政借款多以议会税收为担保，这一点与1688年"光荣革命"后通过国债而进行的借款并无本质的不同。因而，同样是财政借款，但在复辟时期它却逐渐彰显了"国债"的特征，在很大程度上具有了"公债"的性质。

首先，王权复辟后，财政借款开始主要以议会税收为担保。复辟之后，国王及其政府的日常开支，主要来自关税、消费税和炉灶税收入，额外支出则主要来自固定税额税、人头税和补助金收入。这就意味着，国王及其政府的整个财政支出，都最主要地源自议会的税收收入。这种财政收入与支出构成成分的变化，自然导致了借款担保的变化。而且以议会税收和议会权威为担保的财政借款，如无特别意外情况发生，一般能确保偿还，并且出借人在本金之外，还能获得不少利息收入，因而出借人也更欢迎以议会税收为担保的财政借款。

其次，借款手段发生了重大变化。1660年代中期，乔治·唐宁利用出借人的上述心理，仿效荷兰人的财政借款方法，结合英国自身财政借款的特点，创立了新的借款手段——以议会税收为担保的财政署符契①债券借款。1665年，在乔治·唐宁的努力下，国库以6%的年息，通过发行的符契债券筹到了200000镑借款，借款来自全国范围内的900多名出借人。②1667—1671年，乔治·唐宁担任国库秘书时，进一步拓展了1665年的符契债券借款体系，举借了大量款项。

符契债券可分为两类，一类是不可流通符契债券，另一类是可流通符契债券。不可流通符契债券上刻有债权人的名字，以特定的议会税收作为借款偿还担保，因而债权人不必担心债务的清偿。不过，不可流通

---

① 符契（tally）也译作"符刻"、"符木"或"计数筹"。中世纪时在英国长期使用的一种计数工具，为一种狭长的木条，其上刻有粗细不等的凹口，这些凹口代表不同的货币数目。整个木条从一端直到另一端，通过所有凹口被劈成相耦合的两片，两片木条可以作为一次交易的记录。交易的双方各保留一片木条，在没有对方同意的情况下，不能改变其上的记录。中世纪时使用木质符契的主要原因是当时郡长等前往财政署的交款人大都不识字，计算困难，以凹口代表货币数目较为直观明了。一直到1826年，符契都是英国中央财政部门付款收据的法定形式。复辟时期，国库在使用符契借款时，多在其上背书出借人姓名，因而具有了债券的性质，故称之为"符契债券"。

② H. Roseveare, *The Financial Revolution, 1660—1760*, p. 18.

符契债券的缺陷也非常明显，即它不能在市场上流通，债权人只有在到期时才能兑成现金。可流通符契债券上不刻写债权人姓名，也无特定的议会税收作为借款的担保，作为借款担保的是虚无缥缈的国库和财政署信用，因而债权人很可能会为可流通符契债券的清偿前景而感到忧虑。但是，另一方面，可流通符契债券的优点也极其明显，即它能够在市场上流通，债权人可通过出售收回借款。

起初，两类符契债券的不同，不仅表现在能否流通和借款的担保上，还表现在偿还制度上。不可流通符契债券发行之初，就按照购买债券（或曰提供借款）的先后，规定了偿还顺序，这就是债务依次偿还制度。但后来债务依次偿还制度也同样施诸了可流通符契债券，而且它也开始以议会税收作为借款的担保，只不过用于担保的税收主要是除了关税、消费税和炉灶税之外的其他议会税收。这样一来，可流通符契债券不但保有了原来可流通的特点，并且同时还具有了不可流通符契债券的优点。鉴于可流通符契债券的这些优点，许多金匠银行家，特别是伦敦的金匠银行家，争先购买这类债券，他们因而成为国王最大的债权人之一。

需要说明的是，金匠银行家之所以能购买大量的可流通符契债券，与当时信贷业的发展不无关系。[1]金匠银行家从商业贸易中获取了巨额利润，因而他们能有较多的闲散现金用于放贷。与此同时，他们还开始吸纳公众存款。如爱德华·巴克韦尔，"1664—1665年间，他拥有1372名客户，客户平均储蓄金为520镑"。[2]之后，他们放贷给政府，从存款和贷款的利息差额中获利。后来，金匠银行家从放贷中获得的利润成了他们收入的主要构成部分。

---

① 17世纪40—50年代，在伦敦金匠的推动下，"英格兰的存款银行"，"获得真正的突破。从那时起，金匠银行家系统地从商人和大土地所有者那里接受活期存款和定期存款；他们通过在活期存款户头开立信贷证或垫款而提供有息贷款，而且贴现国内或国外汇票以及各种各样的正式的有价证券；为了与定期存款交换，他们还以简单的附有持票人条款的本票发行有息证券；他们还接受可以随时通过支票转让的存款。"参见[比]赫尔曼·范德尔·维《货币、信贷和银行制度》，载[英]E.E.里奇、C.H.威尔逊主编《剑桥欧洲经济史》第5卷，第323页。

② M.J. Braddick, *The Nerves of the State: Taxation and the Financing of the English State, 1558—1714*, p. 39.

乔治·唐宁的"意图是完全正确的"[1]，以符契债券筹款的做法也无可非议。然而，不幸的是，由于符契债券发行过多，到1672年时，财政署和国库已无钱兑付，因而发生了"财政署止付"事件。"财政署止付"的主要是金匠银行家持有的不以关税、消费税和炉灶税为担保的符契债券，总价值高达130多万镑。1674年以后，这部分符契债券的本金虽然依旧没有偿还，但是利息已经开始支付，而且查理二世在位时还能比较按时地支付利息。对这种只支付借息，而不予偿还本金的做法，H.罗斯维尔评价说："查理二世在不知不觉之中，创造了一部分永久性'国债'。"[2]当然，许多史家并不同意H.罗斯维尔的观点，E.L.哈格里夫斯就认为，不能把查理二世欠银行家们的借款，视作后来国债的一部分，因为只有到了1699年，在银行家们诉诸法律之后，议会才重新确认了这一债务的存在，而且用来偿还利息（利率为3%）的是国王的世袭性收入。[3]

最后，财政借款对象发生了重要变化。"财政署止付"并没有导致以议会税收为担保的财政借款的中止，但是止付前后借款的对象却有较大变化。[4]复辟初年，国王及其政府财政借款的对象主要有三：一是金

---

① [英]C.M.奇波拉主编《欧洲经济史》第2卷，贝昱、张菁译，商务印书馆1988年版，第499页。需要说明的是，乔治·唐宁并不希望金匠银行家控制国王及其政府的借款活动，他利用"议会对金匠银行家在公共财政中所处的控制地位的不满"，"当国王在荷兰战争期间寻求新的补助金时"，"提出了一个旨在消除金匠作为国王的银行家的提案。这个提案在1666年获得批准，它规定在预期补助金收入的基础上发行短期贷款，贷款必须由公众直接支付给国库，而且由于证券实行了编号，贷款可以按照时间顺序偿还"。不过，由于"贷款的出借人可以将这种新的'支付指令书'转让给第三方，也就是说，出借人可以将它们通过背书而贴现给银行家"，而使得乔治·唐宁的计划流产，大部分支付指令书仍旧掌握在金匠银行家手中。参见[比]赫尔曼·范德尔·维《货币、信贷和银行制度》，载[英]E.E.里奇、C.H.威尔逊主编《剑桥欧洲经济史》第5卷，第352—353页。

② H. Roseveare, *The Financial Revolution, 1660—1760*, p. 22.

③ Hargreaves, E.L., *The National Debt*, p. 4.

④ 赫尔曼·范德尔·维指出，乔治·唐宁于1666年提出的计划在"财政署止付"前没有奏效。但是，"荒谬的是，债务的延期偿付达到了唐宁最初的目标，国库的停付引起的震动非常强烈，以至于一些银行面临悲惨的境地。金匠银行家对公共财政的控制最终消除了"。参见[比]赫尔曼·范德尔·维《货币、信贷和银行制度》，载[英]E.E.里奇、C.H.威尔逊主编《剑桥欧洲经济史》第5卷，第353页。也就是说，"财政署止付"是引起财政借款对象发生变化的重要原因之一。

匠银行家，二是包税商人，三是伦敦市。但是，随着"财政署止付"事件的发生，关税、消费税和炉灶税包税制的废除，以及国王和议会关系的紧张，借款对象逐渐改变。主要表现在以下四个方面。

第一，金匠银行家不再是财政借款的主要对象。"财政署止付"后，在一个较长时期内，金匠银行家的借贷业务一直委靡不振，也不再愿意继续为国王提供借款。当然，也有一些例外，比如早在1672年"财政署止付"前就曾经给国王提供了巨额借款，而且到止付时，国王还欠他们31968镑[①]的霍恩比·约瑟夫和霍恩比·纳撒尼尔兄弟，在1681年时即又以消费税为担保，再次借予国王35000镑，年借息8%。[②]之后，一直到1688年，他们都经常以消费税为担保向国王提供借款。不过，自"财政署止付"一直到1688年，金匠银行家们提供的借款数额远远不能再与止付前相比。这意味着，他们不再是国王财政借款的主要对象。

第二，包税制的逐步废除使财政借款的对象发生了变化。首先，虽然迟至1684年炉灶税的包税制废除以前，包税商人都一直为国王提供财政借款，[③]但其间不同税种的包税商人的作用却发生了很大变化。关税在国王的正常财政收入中一直占据极其重要的地位，因此，在关税包税制废除前，关税包税商人在财政借款中，起着极为重要的作用。而在1671年关税包税制废除后，提供借款的包税商人则主要是消费税的包税商人。1680年，国王通过消费税的包税制，依然以提前支付包税租金的形式，向消费税包税商人借款近270000镑。[④]之后，消费税包税商人虽然依旧按照既有的方式借款给国王，但是数额一般较小。除消费税包税

---

① W.A. Shaw (Prepared), *Calendar of Treasury Books, 1669—1672*, Vol. III, pp. xlvii—xlviii.

② W.A. Shaw (Prepared), *Calendar of Treasury Books, 1681—1685*, Vol. VII, p. 204.

③ 需要说明的是，和斯图亚特王朝早期一样，在包税制废除以前的复辟时期，提前支付包税租金，仍然是包税商人提供借款的主要方式。这也正说明，复辟时期的财政借款，在一定程度上，依旧具有"王室财政"体制下国王借款的性质。不过，同样是包税，包税的前提却不同。复辟之后，尽管关税和消费税经议会批准国王可终身课征，但是，它们的最终课征批准权都控制在议会手中，国王已经不能单凭个人的特权课征。相应的，包税商人以包税为前提条件提供的财政借款，便在相当程度上具有了某些以议会税收为担保的性质。

④ 根据W.A.肖《国库卷档日志》第6卷第680页1680年8月28日的记载计算得出。参见Shaw (Prepared), *Calendar of Treasury Books, 1679—1680*, Vol. VI, p. 680。

商人外，炉灶税包税商人也向国王提供了不少借款，甚至在炉灶税包税制废除前夕，炉灶税包税商人仍然以每个月提前支付13000镑包税租金的形式，向国王提供借款。[①]不过，包税商人虽然向国王提供了巨额借款，但总的趋势是，1671年以后，随着包税制的相继废除，包税商人逐渐减少并最终几乎停止了向国王的财政借款。

其次，随着包税制的废除，关税和消费税的司库与税收委员会成员，转而成了财政借款的最大出借人。司库和税收委员会成员之所以能提供大量的借款，主要原因是，关税和消费税税收自征敛到手，再到上交至国库或转拨给其他部门，常常会在他们手中滞留一段时间，这正好为他们出借短期借款提供了方便。1683—1685年，关税司库理查德·肯特和消费税司库查尔斯·邓库姆，每年为查理二世提供的借款高达150000—200000镑。[②]每逢财政短绌之时，国王也常向他们索求借款。1683年6月，查理二世要求消费税税收委员会成员查尔斯·达维南特、费利克斯·卡尔弗德和约翰·弗赖恩德，为其提供30000镑的借款，借款担保是他们负责征收的消费税，偿债方式是自1684年6月16日起每周偿还1500镑。[③]1684年，查理二世又要求炉灶税司库查尔斯·邓库姆，为其提供50000镑的借款，年利率为5%。尽管查尔斯·邓库姆担任消费税司库时已经为国王提供了大量借款，但这时他还是不得不再次满足了国王的借款要求。[④]总之，上述数字表明，在包税制被逐步废除后，消费税和关税司库与税收委员会成员向国王提供了大量借款，他们在财政借款中的作用日益重要。

最后，一些财政收入和支出部门的司库，也成了财政借款的出借人。如丹吉尔驻防军司库威廉·休尔。1680年，威廉·休尔继其友塞缪

---

① W.A. Shaw (Prepared), *Calendar of Treasury Books, 1681—1685*, Vol. VII, p.556.（1682年7月27日记载）。

② P.G.M. Dickson, *The Financial Revolution in England: A Study in the Development of Public Credit*, p. 342.

③ W.A. Shaw (Prepared), *Calendar of Treasury Books, 1681—1685*, Vol. VII, p.840.（1683年6月14日记载）。

④ W.A. Shaw (Prepared), *Calendar of Treasury Books, 1681—1685*, Vol. VII, p. 1347.（1684年10月3日记载）。

尔·佩皮斯之后担任丹吉尔驻防军司库。1683年，驻军撤离丹吉尔时，恰逢国库空虚，无力支付撤军费用。而当时罗切斯特伯爵为撤军向金匠银行家的借款又不尽如人意，原本计划借款20000镑，结果却只借到了10000镑。于是，威廉·休尔提供了35376镑16先令5便士的借款，以供撤军之需，该笔借款直到1686年年底国库才予以偿还。[1]其他部门的司库也曾借给国王不少款项，如斯蒂芬·福克斯等人。

第三，伦敦市在1679年以前一直是国王财政借款的重要对象。在斯图亚特王朝统治早期的1620年代后期，伦敦市已不愿意再继续提供财政借款，王权复辟后，情况则完全不同。1660—1688年，国王先后12次通过伦敦市的市政司库向伦敦市借款，总额高达100多万镑。自伦敦市的借款主要发生在1660年代和1677—1679年，其中，1678年和1679年的借款总额就高达406000镑。[2]复辟时期，伦敦市多自愿为国王提供财政借款的原因主要有三：其一，有议会税收作为借款担保，债务的清偿较为可靠。这是伦敦市借款态度转变的根本原因。其二，借款程序简单。1678年的借款分类账目，体现了当时极其简单的借款程序。是年的借款分类账仅列出了以下内容：借款总额100000镑；653名出借人及其姓名；提供借款的日期——1678年4月11日至26日；本金及利息的偿还日期——1678年7月3日至1679年3月29日。其三，向国王提供借款有利可图。国王自伦敦市的借款利率，从5%到10%不等，与荷兰等国家相比，借款利率相对较高。[3]然而，1679年以后，情况发生了变化，随着国王与议会关系的紧张，伦敦市也不再是国王的主要财政借款对象。

第四，复辟时期，私人成了国王财政借款的对象之一。借款利率

---

[1] W.A. Shaw (Prepared), *Calendar of Treasury Books, 1681—1685,* Vol. VII, p. 1384（1684年11月6日记载）; The Commission on Historical Manuscript, Reports, Dartmouth I, p. 87. 1/3/1683; W.A. Shaw (Prepared), *Calendar of Treasury Books, 1681—1685,* Vol. VII, p. 1105.（1686年12月29日记载）。

[2] P.G.M. Dickson, *The Financial Revolution in England: A Study in the Development of Public Credit,* p. 342.自伦敦市的借款在整个复辟时期的财政借款中占有极其重要的地位。P.G.M.迪克森在本页注释5中指出，1660—1688年，国王的财政借款总额和偿还总额分别为5879904镑、6064945镑。这意味着，自伦敦市的借款占财政借款总额的17%左右。

[3] P.G.M. Dickson, *The Financial Revolution in England: A Study in the Development of Public Credit,* p. 343.

的高低会直接影响借款的活跃程度和借款的规模。17世纪，英国借款利率的持续下降，[①]不但对用作生产性投资的私人借款产生了重要的推动作用，而且还对作为特殊借款人的国王向私人的财政借款产生了积极影响。1681年7月，托马斯·林森以关税为担保，给国王提供了20000镑借款。1683年7月24日和9月9日，塞缪尔·赫恩以关税为担保，共借给国王4000镑。1683年7月和10月，理查德·斯利曼也以关税为担保，共借给国王5000镑。1683年，詹姆斯·尼希尔则以消费税为担保，分期借给国王20000镑。[②]需要强调说明的是，同样是向私人借款，复辟时期与1642年以前却有着本质上的不同。因为这一时期的私人借款都是以议会税收为担保，通过不可流通的符契债券借得。不过，正如前面指出的，在这一时期，不可流通的符契债券逐渐具有了可流通的特点，即经过背书的不可流通符契债券，债权人可以在兑现期到来前，转卖给他人，比如爱德华·迪林爵士就曾购买到一个不可流通符契债券。

上述之外，国王还曾从东印度公司、伦敦商人冒险公司等大公司处借得了不少款项，詹姆斯二世甚至还直接参股东印度公司，从中获利。与前述四类借款不同，国王自大公司的借款并不是以议会税收为担保的，而是赐给它们一些商业贸易特权，以之作为借款的交换条件。这表明，复辟时期的财政借款，在一定程度上，还保留着1642年以前国王个人财政借款的残余，与1688年"光荣革命"后通过国债进行的财政借款还有所不同。

通过对财政借款对象变化的论述，不难发现，王权复辟后，财政借款对象的变化主要与三个因素密切相关。

其一，"财政署止付"。财政署的止付决定了原为财政借款主要对象的金匠银行家，在止付后较长一段时间内，淡出了借贷市场。后来，

① 1625年，最高法定利率从10%降至8%，1651年，又进一步降至6%。虽然直到1714年5%的利率才成为最高法定利率，但是，17世纪晚期时，绝大多数借款人通常已经能够按照5%的利率获得借款。参见C.G.A. Clay, *Economic Expansion and Social Change: England, 1500—1700*, Vol. I, New York: Cambridge University Press, 1984, p. 124。

② W.A. Shaw (Prepared), *Calendar of Treasury Books, 1681—1685*, Vol. VII, p. 221（1681年7月12日记载）、p. 880（1683年7月28日记载）、p. 883（1683年7月30日记载）、p. 913（1683年9月18日记载或1683年9月8日记载）、p. 934（1683年10月31日记载）、p. 912（1683年9月16日记载）。

虽然也有一些金匠银行家又继续为国王提供借款，但是其提供的借款数额远不能与1642年以前相比，表明他们不再是财政借款的主要对象。

其二，税收管理改革。关税、消费税和炉灶税包税制的废除与直接征管制的实行，决定了财政借款的另一主要对象的变化，即包税商人不再是财政借款的主要出借人，取而代之的是关税、消费税和炉灶税的司库及税收委员会成员。

其三，议会与国王的关系。1679年以前，伦敦市之所以是财政借款的主要对象之一，主要是因为，在举借款项之初，议会通常会批准国王课征直接税，并且以这些即将课征到的议会税收收入作为借款的担保。但是之后国王和议会的关系趋于紧张，结果，下院于1681年1月7日通过了一个决议案，宣布任何不经议会同意而借款给国王或经营债券者，都是议会的敌人。[1]自此以后，国王逐渐再也不能从伦敦市借得款项了。可见，议会对财政借款的支持与否，在很大程度上决定着借款对象的存在与变化。

综观复辟时期财政借款担保、借款手段和借款对象的变化，可以认为，复辟时期的财政借款确实逐渐具有了"国债"的性质，与现代的国债并没有太大的实质性区别。

然而，关于国债形成的时间，学术界的看法却并不一致。P.G.M.迪克森认为，国债虽然在复辟时期初现端倪，但是并未获得长足发展，更没有作为一项制度得以确立。"光荣革命"后，特别是1690年代后，随着政府的借款都以议会税收为担保，而且规模日大，借期较长，国债才作为一项制度确立下来。[2]E.L.哈格里夫斯也认为，英国的国债源起于以议会税收为担保的借款实践，此类实践在1660年后逐渐增多，而且单就借款以议会税收作为担保而言，1672年以前与1688年以后并没有什么

① H. Roseveare, *The Financial Revolution, 1660—1760*, p. 15.

② P.G.M. Dickson, *The Financial Revolution in England: A Study in the Development of Public Credit*, pp. 49—51.这里需要强调说明的是，P.G.M.迪克森非常重视国债的作用。他认为，英国金融革命的实质，不在于征税权力的转移，不在于征税体制的变化，也不在于包税制向中央征税制的转变，而在于国债的偿付。笔者认为，P.G.M.迪克森的看法失之偏颇，因为历史的发展事实证明，是征税权力的转移在先，国债和国债制度的产生在后，前者和后者是一种本末关系，国债和国债制度的产生是征税权力转移的必然结果之一。不能因为国债和国债制度极大地推动了英国金融革命的迅速开展，而将二者的关系倒置。

不同之处。但是，1688年以前的借款程序还没有制度化，而且迟至1692年，财政借款还没有走出以议会批拨给国王的岁入为担保的阶段。[①]言外之意，国债作为一项制度，其确立时间应在1692年以后。赫尔曼·范德尔·维同样把国债的形成时间定在1688年以后，他指出："1688年的光荣革命带来了一个国王—议会联合政府，这个政府处于与阿姆斯特丹金融市场有着良好关系的荷兰君主统治之下，这就为当局提供了更坚实的信心基础。在1672年之前很流行的私人对官方权利转让证书的贴现，现在已经过时了。这预示着公共财政领域的关键性变革：英国的公共财政逐渐发展成为'国债'。"[②]H.罗斯维尔的看法与他们不同，他认为，"国债"在复辟时期就已经出现，查理二世止付的财政借款，就是永久性国债的一部分。[③]W.A.肖也认为，复辟时期是国债发展的初级阶段，查理二世于1667—1672年间该欠银行家们的款项，"是第一笔国债"[④]。

―――――――――――

① E.L. Hargreaves, *The National Debt*, pp. 1—2.

② [比]赫尔曼·范德尔·维：《货币、信贷和银行制度》，载[英]E.E.里奇、C.H.威尔逊主编《剑桥欧洲经济史》第5卷，第353页。J. 奥卡拉汉同样强调威廉三世与国债制度确立之间的关系。他指出，对路易十四满怀仇恨的威廉三世，力图对欧洲的势力均衡施加影响，把英国卷入了战争；但是他发现，国家的正常财政收入不足以满足战争的需求，因此，1692年他以税收为抵押进行借款，借款总额在短短27年内迅速增加到3000万镑。如此，国债和公债制度便在英国开始了。参见J. O'Callaghan, *Usury, or Interest, Provied to Be Repugnanat to the Divine and Ecclesiastical Laws, and Destructive to Civil Society*, New York: Published by the Author, 1824, p. 142.

③ H. Roseveare, *The Financial Revolution, 1660—1760*, p. 22.

④ W.A. Shaw, *The Beginning of the National Debt*, pp. 391—420.此处还需要提及黄仁宇的观点。他认为，英国国债的形成应以英格兰银行的建立为标志，"过去英国国王以人身对财政负责，公私不分。王后之嫁妆，当做国库收入，国王之情妇，也由公款开销。一到支费短绌，王室即典卖珍宝，或借款不还，有如查理一世曾提用商人存于铸钱局待铸的金银，查理二世也曾停付借款的利息。甚至连克伦威尔也要向东印度公司强迫借贷。这种作风，使朝代国家的本质无法革新。私人财产权之没有保障，尤其是争论之渊薮。1694年英伦银行成立，对以上各事有了彻底的解决，今后国家财政数字之短绌，属于国债，并且预先将国债定为一种制度，开'赤字财政'之门。资本家既成了国家的债权人，则他们直接与间接之间必增加了操纵国事的力量"。参见黄仁宇《资本主义与二十一世纪》，三联书店1997年版，第187页。值得注意的是，是国债催生了英格兰银行，而不是英格兰银行催生了国债。在这一点上，黄仁宇的观点似乎值得商榷。当然，不能否认，英格兰银行的成立在很大程度上推动了英国国债的发行规模。

对上述史家的观点，笔者不敢妄加指摘，仅试图从国债学的角度，对复辟时期的财政借款是否应该属于国债稍加分析。如果按有无担保品划分的话，国债可以分为无担保国债和有担保国债两类。无担保国债是指政府不指定具体担保品而发行的国债，其发行凭借的是政府信用，现代国债多属无担保国债。复辟时期，伴随着关税性质的转变，以及王室领地的减少和封建特权的丧失，国王的个人财政收入日趋萎缩，1661—1685年和1686—1688年，国王的个人财政收入分别只占财政收入的5.41%和6.97%，[①]难以作为巨额财政借款的担保。因而，复辟时期的财政借款，多以具有"公共性"的议会税收作为担保，这与"光荣革命"以后没有什么大的不同。

另外，还需要指出的是，议会税收收入，特别是关税和消费税收入，在复辟时期一直都较为稳定，而且税收的收入量也不断增加，它们在用作借款担保时，实际上和后来的偿债基金没有本质区别。因此，复辟时期的财政借款应该可以划入担保国债的范畴。

接下来需要考察的是，复辟时期的财政借款到底属于哪一类国债？在考察之前，首先需要引入另一种国债分类法——按偿还期限分类法。按偿还期限不同，国债可分为两大类。一类是有期国债，指规定有还本付息期限的国债。这类国债又可以分为短期国债（偿还期限一般为1年或1年以内的国债）、中期国债（偿还期限一般为1~5年或1~10年的国债）和长期国债（偿还期限一般为5年以上或10年以上的国债）三种。另一类是无期国债，又称永久国债，指债权人平时仅有权按时索取利息，但是无权要求清偿的国债。这类国债只有在极其特殊的情况下才发行，例如19世纪早期的统一公债。按照上述标准，复辟时期以议会税收作为担保的财政借款，归类为短期担保国债应是较为妥当的。

不过，复辟时期毕竟还只是短期国债的源起期。这时，长期国债还未出现，而且复辟时期用于借款担保的关税和消费税，虽然实质上与后来短期国债的偿债基金没有本质上的区别，但是，由于它们可以由国王终身征收，甚至可世袭征收（如消费税的一部分），从而使得议会很难

---

① M.J. Braddick, *The Nerves of the State: Taxation and the Financing of the English State, 1558—1714*, p. 10.

实施对它们的全面控制。也正因如此，这一时期的财政借款，在某种程度上，还具有国王个人私债的性质。当然，这绝不能否认，在"公债"与"私债"的天平上，复辟时期财政借款性质的"砝码"，更多地放在了"公债"的托盘中。

第二节 国债制度的确立与发展

复辟时期，财政借款虽然多以议会税收为借款担保，但是议会在国王的财政借款上态度并不积极，甚至总是冷漠处之。1681年的议会决议案，还把不经议会同意而借款给国王或经营债券者，宣布为议会的敌人。然而，"光荣革命"以后，随着议会对关税和消费税日常控制权的加强，对财政借款的态度也发生了根本性变化，开始转而积极支持以国债进行的财政借款。

1692年，因为对法战争的财政急需，议会第一次考虑以议会税收为担保进行长期借款。是年1月12日，议会任命了一个由10名成员组成的议会委员会，就以议会税收为借款利息的信用担保、举借长期借款的用途等做出调查。该次长期借款自1693年起筹措，到1698年时总共借得690万镑。[1]

在1692年的长期借款中，议会不但以其批准课征的议会税收为借款担保，而且还积极主动地参与其中，并初步确立了长期借款的基本程序。因此，可以认为，至此国债作为一项制度在英国得以确立。

"光荣革命"后，长期国债有了长足发展，但是，另一方面，与短期国债相比，长期国债的规模仍然相对较小。1688年至1697年间，政府通过短期国债共借款3200万镑，而1688到1702年间的长期国债借款却只

---

① P.G.M. Dickson, *The Financial Revolution in England: A Study in the Development of Public Credit*, pp. 48—50.

有690万镑。[1]

不过，自1704年起，长期国债的规模迅速膨胀。1704年2月24日至1708年3月11日，政府共举借长期国债8003738镑，而且债息均较低，年息最低为6.25%，最高为6.6%。[2]1710年以后，长期国债数量更是与日俱增。仅1710年一年，就筹借到了240万镑的长期国债；[3]1721—1742年的长期国债总额为6600000镑；[4]1742—1748年，仅公开筹借的长期国债总额就高达20700070镑。[5]

总之，随着短期国债和长期国债规模的迅速膨胀，国债总体规模迅速增加。1693—1698年长期国债的借款数额、利率和担保情况，以及1688—1817年的人口、债务、债务额变化、人均债务、国民财富、人均国民财富、债务与国民财富比例情况，明确地说明了这一点。具体数字可参见表6-1和表6-2。

表6-1　　　　　　　　1693—1698年长期国债借款情况

国王同意借款法案时间	借款数额	借款利率	借款利息担保
1693年1月26日	108100镑	10%、7%[a]	99年的啤酒等的额外消费税[b]
1693年1月26日	773394镑	14%	99年的啤酒等的额外消费税
1694年2月8日	118506镑	14%	99年的啤酒等的额外消费税
1694年3月23日	1000000镑	14%	进口盐税、啤酒等课征的新税[c]

[1] M.J. Braddick, *The Nerves of the State: Taxation and the Financing of the English State, 1558—1714*, p. 43.

[2] P.G.M. Dickson, *The Financial Revolution in England: A Study in the Development of Public Credit*, pp. 60—61.

[3] P.G.M. Dickson, *The Financial Revolution in England: A Study in the Development of Public Credit*, p. 63. 1710年1月18日，以自1710年起开始课征的课征期长达32年的煤税为借息担保，筹借国债150万镑，年息9%。3月13日又筹借90万镑，年息亦为9%，借息担保为自1710年起开始课征的课征期长达32年的啤酒、苹果酒等的额外消费税，以及对进口胡椒粉、葡萄干、肉豆蔻、肉桂、苜蓿、鼻烟课征的额外关税。

[4] P.G.M. Dickson, *The Financial Revolution in England: A Study in the Development of Public Credit*, pp. 206—207.

[5] P.G.M. Dickson, *The Financial Revolution in England: A Study in the Development of Public Credit*, pp. 218—219.

国王同意借款法案时间	借款数额	借款利率	借款利息担保
1694年4月24日	1200000镑	8%	额外关税和啤酒等课征的新税^d
1694年4月24日	300000镑	10%、12%、4%	对啤酒等课征的新税^e
1697年4月16日	1400000镑	6.3%	麦芽消费税和朗姆酒税^f
1698年7月5日	2000000镑	8%	盐的额外消费税和纸税^g

资料来源: P.G.M. Dickson, *The Financial Revolution in England: A Study in the Development of Public Credit,* New York: St Martin's Press, 1967, pp. 48—49.

a 自1700年夏至起,利率为7%。

b 自1693年1月25日起,课征期长达99年的啤酒、醋和进口啤酒、进口苹果酒、进口白兰地酒的额外消费税。筹款实行唐提式借款法,即本金不还,但款项出借人可终身获得借息,一个款项出借人死后,其每年应得的借息额由剩下的人按一定比例分享。借息的止付日,是最后一个款项出借人的死亡日。1693年1月26日和1694年2月8日的筹款方法都是唐提式借款法。

c 1694—1697年课征的进口盐税;1697—1711年新课征自啤酒、苹果酒、醋和白兰地酒的税收。筹款实行抽彩给奖法,共发行彩券100000份,每份票额10镑。款项出借人每年可分享总额为140000镑的借息,总共可分享16年,分享比例由彩券奖级决定,每份彩券最高中奖额为1000镑,最低额(抽着空白签者)为1镑。

d 课征自啤酒、苹果酒、醋和白兰地酒的新增课税收的5/7,用作了该次借款利息的信用担保金。

e 借款利息的信用担保金源自啤酒、苹果酒、醋和白兰地酒的新增课税收的2/7。

f 对麦芽课征的消费税,每蒲式耳麦芽6便士;1697—1699年,对朗姆酒、苹果酒和梨子酒的课税。

g 自1699年起,对国产的盐和进口的盐课征的永久性额外消费税;对牛皮纸、羊皮纸和其他纸类课征的永久性税收。

表6-2　　　　　　　　1688—1817年人口、债务、国民财富

时　间	光荣革命	威廉三世战争	和平时期
截止时间	1688年11月5日	1697年9月29日	1701年9月29日
人口	520万^a	520万	510万
债务	100万镑	1840万镑	1530万镑
债务额变化	—	17.4%	—3.1%
国民财富	32000万镑	32000万镑	32000万镑
人均债务	4先令	3镑10先令	3镑
人均国民财富	61镑10先令	61镑10先令	62镑6先令
债务与国民财富比例	0.31%	5.75%	4.78%

续表

时　间	安妮女王战争	西班牙—奥地利战争	和平时期
截止时间	1714年9月29日	1749年9月29日	1755年9月29日
人口	520万	600万	620万
债务	4870万镑	7990万镑	7540万镑
债务额变化	33.4%	31.5%	—4.5%
国民财富	37000万镑	50000万镑	50000万镑
人均债务	9镑7先令	13镑5先令	12镑2先令
人均国民财富	71镑3先令	82镑16先令	19镑17先令
债务与国民财富比例	13.17%	15.99%	15.09%
时　间	七年战争	和平时期	对美战争
截止时间	1766年9月29日	1775年9月29日	1785年10月10日
人口	690万	750万	820万
债务	13310万镑	12790万镑	24420万镑
债务额变化	57.7%	—5.2%	116.2%
国民财富	50000万镑	75000万镑	100000万镑
人均债务	19镑4先令	17镑1先令	29镑15先令
人均国民财富	72镑3先令	100镑	121镑19先令
债务与国民财富比例	26.62%	17.05%	24.42%
时　间	和平时期	对法战争第一阶段	对法战争第二阶段
截止时间	1792年10月10日	1802年1月5日	1817年1月5日
人口	870万	110万[b]	170万[c]
债务	23800万镑	50420万镑	85000万镑
债务额变化	—6.2%	266.2%	345.8%
国民财富	125000万镑	175000万镑	270000万镑
人均债务	27镑9先令	45镑17先令	50镑
人均国民财富	144镑3先令	159镑2先令	158镑16先令
债务与国民财富比例	19.04%	28.81%	31.48%

　　资料来源：H.E. Fisk, *English Public Finance from the Revolution of 1688,* New York: Banker Truster Company, 1920, p. 93.

　　a 英格兰人口。

　　b 英格兰和苏格兰人口。

　　c 大不列颠和北爱尔兰联合王国人口。

第三节 国债及国债制度的历史作用

国债和国债制度的确立意义重大，主要表现在三个方面。

首先，国债和国债制度为英国的强大奠定了基础。国债产生以前，每逢财政急需之时，国王常常因为议会税收的征敛过于迟缓根本无法解决燃眉之急而以个人身份举借款项。但是，由于信用担保、借款利息和债务清偿等诸多原因，国王举债总是困难重重，不但筹措到手的款项数额有限，而且利率还居高不下。而国债确立后，借款因为有议会税收作为信用担保，筹借迅捷。因此，当战事来临之际，英国能够通过国债迅速筹足军费，为战争的胜利提供财政保障。例如1695年英国攻占纳穆尔的巨大军事胜利，就得益于以议会税收为担保的国债借款。

表6-3　　　　　1688—1815年英国战争军费支出和国债借款

时　间	总支出	总收入	借贷额	借贷额占支出比例
1688—1697年	49320145镑	32766754镑	16553391镑	33.6%
1702—1713年	93644560镑	64239477镑	29405083镑	31.4%
1739—1748年	95628159镑	65903964镑	29724195镑	31.1%
1756—1763年	160573366镑	100555123镑	60018243镑	37.4%
1776—1783年	236462689镑	141902620镑	94560069镑	40.0%
1783—1815年	1657854518镑	1217556439镑	440298079镑	26.6%
总　计	2293483437镑	1622924377镑	670559060镑	29.2%

资料来源：P.G.M. Dickson, *The Financial Revolution in England: A Study in the Development of Public Credit*, New York: St Martin's Press, 1967, p. 10.

这或许正如费尔南·布罗代尔所说的那样，"公债正是英国胜利的重要原因。当英国需要用钱的时刻，公债筹集巨款归它调拨"，它"有效地动员了英国的有生力量，提供了可怕的作战武器"①。这就奠定了英国强大的基础。

其次，国债和国债制度推动了英格兰银行的建立，而反过来，英格兰银行又推动了英国包括国债和国债制度在内的各项事业的发展。1693年1月，长期国债筹集之初，预定筹款总额为100万镑，筹措方法是出售年金。然而，尽管利率很高，一年以后仍未筹足这一数额。1694年4月，英国政府决定采用新的筹款方法，即以8%的利率发行120万镑的国债（其中的300000镑，即总额的25%是通过出售年金筹集的），凡认购国债者，将成为即将成立的"英格兰银行董事公司"（即英格兰银行）的股东。②这一国债筹集方法非常成功，不到11天，国债便被认购一空。1694年7月27日，英格兰银行董事会第一次召开会议，英格兰银行作为一个机构正式成立。

英格兰银行的成立意义重大，英国包括国债和国债制度在内的各项事业多得益于此。正如A.安德烈迪斯指出的那样："仅对英国史做漫不经心的浏览，便会发现英格兰银行这一伟大机构对英国政府和英国人民的重要性。威廉三世和安妮女王之所以能在欧洲各国中重塑英国往日声威，依托的是英格兰银行的借款。18世纪前夕，每逢战事，英国政府求助的也是英格兰银行。土地银行和南海泡沫蠢行之报应来临时，帮助英国政府走出困境的也是英格兰银行"③，"英格兰银行还在通过发行长期国债帮助政府建立信用，协助政府建立流动债务发行体制，兑换国债等方面，发挥着重要作用"。④

此外，英格兰银行还有助于英国商业的发展。"伦敦商界对针线街老太太（英格兰银行的绰号，因其住址而得名）满怀感激，因为，在1694年英格兰银行成立以前，它们不但饱受高利贷者的诈取盘剥，而且

---

① [法]费尔南·布罗代尔：《15至18世纪的物质文明、经济和资本主义》第3卷，施康强、顾良译，三联书店1993年版，第433页。

② J. Giuseppi, *The Bank of England: A History from Its Foundation in 1694*, London: Evans Brothers Limited, 1966, p. 12.

③ 为支持政府的公共信用，"1722年，英格兰银行接收了南海公司400万镑的股票"。参见R.D. Richards, *The Early History of Banking in England*, p. 192。

④ A. Andréadès (Translated by C. Meredith), *History of the Bank of England: 1640 —1903*, New York: Frank Cass & Co. Ltd., 1966, p. 4.

连安全的存款之所也没有。"当然，推动作用是双向的。英格兰银行的发展，也得益于伦敦商界的鼎力支持，"在伦敦商界的热心支持之下，每逢危难之时，'老太太'总能化险为夷。"[1]1709年，英格兰银行又获得了发行债券的权力，[2]信贷业务急剧扩大，迅速成为政府的主要债权人和国家金融业的中心。

但是，这里需要说明的是，政府依赖英格兰银行的借贷，远不像最初想象的那样成功。和1660年代一样，政府不得不长年支付高额的借款利息。因此，尽管这种长期借贷广受欢迎，但对政府财政而言，却是难以负荷的。[3]为摆脱沉重的利息负担，政府利用人们对股票的心理预期，诱使债权人用所持债券换购南海公司的股票。因为当时南海公司的股票价格不断上涨，股息较高，所以政府的这一做法正投债券持有人所好。为得到快速高额回报，许多债权人把所持政府债券换成了南海公司的股票。债券换股票的最直接结果是，政府的偿债负担有所减轻。

当然，绝不能因此而否认长期以来国债和国债制度与英格兰银行间的互相推动作用。

一方面，国债和国债制度的发展得益于英格兰银行的支持。1697年，英格兰银行"第一次贷与国家之借款额"为120万镑。1709年，又代国库发行兑换券250万镑。1721年时，"政府结欠银行款，积至

---

① A. Andréadès (Translated by C. Meredith), *History of the Bank of England: 1640—1903*, New York: Frank Cass & Co. Ltd., 1966, pp. 4—5.

② 赫尔曼·范德尔·维指出："1697年以后，英格兰银行的成功发展更多地归因于它与国家财政的紧密关系，而不是其私营银行业务的发展。技术革新——通过它公债将持久的利息作为担保，短期和长期的有价证券的发行都成倍增长。"[比]赫尔曼·范德尔·维：《货币、信贷和银行制度》，载[英]E.E.里奇、C.H.威尔逊主编《剑桥欧洲经济史》第5卷，第324页。

③ 查尔斯·P.金德尔伯格也从另一个角度指出，英格兰银行的"成立是为了不同的目的，包括协助销售战争期间（1688—1697年与法国人打的'九年战争'）的国债，还有一个私下的目的，即通过贷出新发行的银行券取利。正如我们将要看到的，英格兰银行的私下目的与社会目的之间的矛盾冲突持续了整个19世纪。英格兰银行没有改善货币供应，相反，它使货币供应更糟。它发行的银行券加剧了战时通货膨胀并加快了重铸银币这个有争议的决策。很快，英格兰银行被迫在国内债务交易中充当政府的财政代理；在国外，通过阿姆斯特丹向欧洲大陆汇款以支持战场上的英格兰军队和盟军。但是，以威廉·帕特森为首创立英格兰银行的人们所感兴趣的是利润，而不是公共服务"。参见[美]查尔斯·P.金德尔伯格《西欧金融史》，徐子健、何建雄、朱忠译，中国金融出版社1991年版，第76页。

9375027镑"。1747年，"银行缴还政府国库兑换券986000镑，作为特种借款，利息四厘，又向股东续收股份10%，资本额增为1078万镑。政府欠银行款，除上述两项外，尚有8486000镑"①。到1749年，政府欠英格兰银行款进一步达到11168600镑。②截至1751年三厘统一公债发行前，英国政府该欠英格兰银行的国债欠款，本金高达11868000镑，年利息总计435472镑。在三厘统一公债发行过程中，英格兰银行也功不可没。根据三厘统一公债规定，公债利率均减为三厘，这意味着英格兰银行的国债利息年收入，从1751年以前的每年435472镑，减少到每年393038镑，1757年12月25日后，进一步减少到350604镑。③到18世纪60年代，英格兰银行持有的国债份额，从最初的不到20%，增长到了近70%。④

　　另一方面，英格兰银行也从国债的发行中获得了巨额利润。英格兰银行建立时借给政府的120万镑，年息高达8%。后来，英格兰银行给政府的借款年息虽然有所下降，多为6%—4%，有时还"不计利息"，如1709年"贷与国库40万镑"就为无息借款，但是，这主要是为了"报效政府"允许其"特权展期"，⑤以继续享有特权，获得更多的利益。1751年三厘统一公债发行后，英格兰银行不仅受托负责国债利息的支付，而且还作为国库和公众的中间人，承担着国债的管理工作。作为管理开支的回报，自1892年起，政府对英格兰银行的国债管理，按照5亿镑国债额度内每100万镑支付325镑，超过5亿镑后每100万镑支付100镑的管理费用，予以补偿。因此，英格兰银行每年获得的补偿费用总额约

---

① 杨德森：《英格兰银行史》，商务印书馆1926年版，第16—25页。

② R. Roberts & D. Kynaston, *The Bank of England: Money, Power and Influence, 1694—1994*, Oxford: The Clarendon Press, 1995, p. 9.

③ A. Andréadès (Translated by C. Meredith,), *History of the Bank of England: 1640—1903*, pp. 152—153.

④ R. Roberts & D. Kynaston, *The Bank of England: Money, Power and Influence, 1694—1994*, p. 10.

⑤ 杨德森：《英格兰银行史》，第18页。1742年，英格兰银行向政府提供160万镑的无息借款，并把政府以前所欠320万镑借款的利率降为3%，也是因为特权展期问题。是年，英格兰银行的特权再度到期，议会对其特权问题展开了激烈的讨论，有被取消的危险，因此，它以提供无息借款和降低利率为代价，又一次使特权展期22年。参见J. Giuseppi, *The Bank of England: A History from its Foundation in 1694*, p. 53。

为160000镑。①这意味着，英格兰银行不但能从国债的经营中获得巨额利润，而且还能从国债的管理中获得不少收入。

最后，议会通过国债制度强化了对财政的控制权。国债产生之前，特别是1642年以前的财政借款，作为借款担保的是非经议会批准，或者仅在形式上经过议会批准的国王正常财政收入，因而，基本上是国王的个人借款，本质上属于"私债"的范畴。而且由于当时国王的正常财政收入约占财政收入的3/4，议会税收收入仅占据财政收入的较小份额，因此，议会税收收入也很难作为财政借款的有效担保。自然，议会也无法通过财政借款加强对财政的控制。而王权复辟后，特别是"光荣革命"之后，随着议会税收权的加强和税收收入的增加，无论是长期国债，还是短期国债，作为借款担保的都是议会税收收入，②因此，国债规模越膨胀，议会对国债的控制就越强，从而在很大程度上强化了它对财政的控制权。正如查尔斯·P.金德尔伯格所述，"国家金融机器在第三次英荷战争中垮台，重建于1688年'光荣革命'之后，其职权的划分与以前完全不同。议会从国王手里拿回了开支权，同时也拿回了借款权"，③也正因为如此，议会的财政收支控制权得以强化。

---

① A. Andréadès (Translated by C. Meredith), *History of the Bank of England: 1640—1903*, pp. 398—399. A.安德烈迪斯还指出，在1892年以前，英格兰银行获得的国债管理开支补偿还要多，每年不少于20万镑，更早一些时候甚至高达25万镑。

② 根据M.J.布拉迪克的统计，1560—1602年、1603—1625年、1626—1640年，国王正常财政收入和议会税收收入与财政收入的比例，分别是72.92%和27.08%、72.88%和27.12%、75.52%和24.48%。参见M.J. Braddick, *The Nerves of the State: Taxation and the Financing of the English State, 1558—1714*。

③ [美]查尔斯·P.金德尔伯格：《西欧金融史》，第77页。

第七章

财政解决、议会财政体制与宪政

关于1688年"光荣革命"的性质和意义，长期以来，学术界争论不休。有学者认为，它是一场从根本上改变了英国政治制度的革命。而有的学者则认为，它只是一场政治阴谋的结果，只不过为英国更换了一位国王而已。本章无意于对"光荣革命"的性质和意义作全面探讨，而仅试图以比较的视角，对"光荣革命"的财政解决的宪政性质和意义，及其与议会财政体制间的关系提出几点浅显的看法。

然而，学术界不仅对1688年"光荣革命"的性质和意义存在激烈的争论，对财政解决的宪政性质和意义的看法，也不尽一致，甚至在观点上截然对立。而且更加耐人寻味的是，有的学者自己的观点竟然也前后矛盾，相互否定。贝蒂·肯普、莫里斯·阿什利、E.A.赖特恩等都认为，财政解决只是在财政平衡基础上建立了一个政府平衡，即国王和议会间的平衡，并没有因此而创建出议会制政府，[1]因而，具有十分有限的宪政意义。J.卡特虽然认为1689年以后英国政治制度发生了根本性变化，却不赞成这一变化源于"光荣革命"中的财政解决。她指出，"造成这种变化的，特别是结束国王财政独立的，是1690年代的战争"，而不是包括财政解决在内的"光荣革命"，因为，在君主政体的基础因为议会权力取代了君权神授而发生了改变后，"宪政能够以几种不同的方式发展。1689年的立法，并没有对君主的权力和特权予以严格的限制。而1690年代的战争形势却给议会带来了意料不到的超越王权的优势，因为政府需要钱，而且当时的政治气候，也要求下院议员强化他们1689年时未曾考虑过的对国王权力的各种限制"[2]。W.A.肖一方面认为，"国王应依靠'自己'的收入维持国家政府日常运作的思想逐渐消失了。议会承担起了支付政府日常经费的责任，并因此奠定了对国家行政机构的

---

① C. Roberts, "The Constitutional Significance of the Financial Settlement of 1690", p. 60.

② J. Carter, "The Revolution and the Constitution", In Holmes, G. (ed.), *Britain after the Glorious Revolution, 1689—1714*, London: St. Martin's Press, 1987, pp. 41—55.

最终控制权。而且1688年革命独特显著的宪政成就，也正体现在这一变化之中"。①但是，另一方面他又指出，到1694年年底，议会都没有把和平时期的国王正常收入作为一个"整体"来看待，既没有批准国王可终身享有这些日常收入，也没有采用收入每年批拨一次的原则，而是采取了有些收入国王可终身享用，另外一些收入却只批拨给国王几年的混乱做法。因此，把财政解决的最终成就描绘成"为了确保王权对议会的依赖，而对其进行财政限制的辉格党人的，或宪政的，或共和思想的胜利，完全是妄谈"②。这是一种模棱两可，甚至是自相矛盾的看法。

由上可见，学术界对财政解决的宪政性质和意义的看法极为混乱，那么究竟应该如何理解英国财政解决的性质和意义呢？如果财政解决具有重要宪政意义的话，又是如何体现出来的呢？这虽然是两个问题，但在逻辑上却紧紧相扣，具有明显的递进关系。从逻辑反推的角度看，第二个问题解决了，第一个问题自然也就迎刃而解。也就是说，如果财政解决体现了重要的宪政意义的话，则其性质自不待言。为此，就需要借用政治学的研究方法，在厘清宪政与财政权关系的同时，首先进行简单的预设分析。

政治学的相关研究成果指出，"宪政意指有限政府"，"一切立宪政府都是有限政府"，"宪政乃是专横统治的反命题；宪政的对立面是专制政府，即恣意妄为的政府"。③在宪政政府下，政府的权力受到限制，必须在规制的范围内行使。从现代宪政的历史发展进程看，其建立和变革主要是围绕财政权的规制进行的。如果财政权规制对一国政治制度产生了根本性影响，把政府的权力纳入财政权规制的轨道之上，从财政权层面限制着政府的权力，那么，这样的财政权规制无疑就具有了极为重要的宪政意义。具体到英国的财政解决，如果它所设计的财政权规制一如上之宪政下的财政权规制的话，那么其宪政性质和意义就不言而喻。"光荣革命"的财政解决中所设计的财政权规制是否如此呢？

"光荣革命"后，议会吸取了复辟时期在财政拨款上过分慷慨的历

---

① W.A. Shaw (Prepared), *Calendar of Treasury Books, 1685—1689*, p. xiii.

② W.A. Shaw (Prepared), *Calendar of Treasury Books, 1685—1689*, p. lxxxv.

③ [英]弗里德利希·冯·哈耶克：《法律、立法与自由》第1卷，邓正来、张守东、李静冰译，中国大百科全书出版社2000年版，第2—11页。

史教训，利用其在立法上的主导地位，通过一系列"财政解决"法案，经过艰辛改革，逐渐建立并最终完善了对财政的控制，建立起了议会财政体制。

财政解决后建立起来的议会财政体制，与复辟时期的财政体制有诸多不同之处，主要表现在三个方面。

其一，议会对财政收入的控制权更加巩固。复辟时期，关税收入是国王正常财政收入的一部分，经议会批准后国王可终身课征。而"光荣革命"后，议会通过仅授予国王4年或5年的关税课征权，从而把关税权牢牢地控制在自己手里，并进而确保了议会的定期召开。

其二，议会逐渐建立并最终完善了对财政支出的控制，而复辟时期议会在财政支出方面，基本上无控制权可言。

其三，复辟时期的行政决策权和大臣任免权都控制在国王手中，因而，尽管议会对财政管理机构的控制有所加强，但是还不能从根本上予以严格控制。而1688年以后，新型的议会和中央财政管理机构关系得以确立，议会通过对中央财政管理机构的控制，全面加强了对财政管理的控制。

结果，自1681年起出现的君主专制主义趋势得到遏止，并改变了英国政治制度的发展方向，打开了通向议会君主制的大门，把王权及其政府的权力拉入到了宪政轨道之上，从而使国家主权天平的重心无可挽回地滑向了议会一边。简言之，即议会通过财政解决，不但建立起了议会财政体制，而且还强化了对王权及其政府的控制，在英国的宪政史上翻开了崭新的一页。

第一节　财政解决与议会财政收入权强化的宪政意义

财政解决后，议会进一步强化了对财政收入的控制，这首先表现在对直接税收入的控制加强上。"光荣革命"后，议会进行了不少直接税改革试验，其中最大的成就是1697年确立了在18世纪时成为"常税"的土地税的课征。①

土地税是税收课征实践不断革新的结果，它既避免了固定税额税和直接估税的补助金的缺陷，又兼具了它们的优点。"光荣革命"后，为解决国家财政短缺问题，议会曾于1689年再次以固定税额税制课税，并喜获成功。但是，与以前不同的是，本次课税没有重新估税，而是根据以前的既定税额和税率征收。然而，由于固定税额税制本身存在着地区间税负分配相对不公的缺陷，而且1690年和1691年的固定税额税的税负又格外沉重，结果，遭到了民众的抵制，课征结果极其不理想。

于是，议会又按照直接估税的补助金的课税方法开课了名曰"捐贡"的新税种。"捐贡"不再明确规定税收的课征数额，而是对财产和收入估税课征。土地收入、职位收入（海军和陆军职位收入除外）的税率为每镑4先令，商品和货物的税率为其价值的6%。税收的课征由各郡的税收委员会负责，其首脑人物大多出身贵族，具体工作则由商人、医生和出庭律师出身的税收委员负责。各郡的税收委员会的主要职责，是对本郡的课税事宜予以总体性的监督指导，并处理各类税收申诉。估税由各地的高级治安官负责，他们既可以亲自估税，也可以在各教区委任可信之人估税，但是接受委任者必须宣誓效忠，而且估税不当的话还将受到处罚。估税结束后，高级治安官及委托人的估税税册要上交各郡的税收委员会，经审核后再分送至各收税员和收入总长处。收税员由各郡的税收委员会任命，每个教区1名。收税员的成分比较复杂，各地情况迥异。在乡村担任收税员的，既有"地方殷富之民"，也有一穷二白的贫贱之士。在市镇担任收税员的，既有商贸行业的巨贾，也有流浪乞讨之辈，不一而足。同时，税收委员会还在每个教区任命1名书记员，负责税收的登记事宜。书记员和收税员可分别按每镑1便士和每镑3便士的

① 1688年"光荣革命"以后，议会还曾先后课征过窗税、生育税、死亡税、婚税、单身汉税、寡居税。这些税收虽然也带来了一定的财政收入，如生育税、死亡税、婚税、单身汉税、寡居税，在最初课征的前5年里，每年约能带来50000镑的收入，但是，由于税收的征管过于烦琐庞杂，并且遭到了广泛的抵制和反对，税收额逐渐下降，到课征后期，每年的税收额还不足30000镑，而且不久之后，即停止课征。相关数字参见M.J. Braddick, *The Nerves of the State: Taxation and the Financing of the English State, 1558—1714*, p. 105。

比例，从课征到的税额中获得薪俸。第一次"捐贡"的课征非常成功，税收总额近200万镑。然而，之后，税收额即逐年减少，重复了直接估税的补助金的宿命。于是，议会又转向了固定税额税制。

与以前不同，1697年固定税额税的课税对象和课税方法都发生了变化，被命名为"土地税"。首先，课税对象发生了明显变化。1692—1697年的6年间，"捐贡"逐渐演变为了主要对土地收入课税，这是它被称为"土地税"的原因之所在。其次，课税方法有重大改进，在税额既定的前提下，估税课征。税额既定，能有效地保证在规定的时间内课征到较为理想的税收额；而估税课征，则有效地避免了税负分配的不公。

自土地税课征以来，议会就牢牢地控制着它的课征权。因此，随着土地税成为常税，且在财政收入中占据了相当份额，①议会对财政收入的控制权也进一步加强。对此，M.杰克沃维斯基评价说，税收的现代化肇始于1660年的复辟解决，随着"土地税"的发展而得以巩固……在土地税成为"常税"之后，国王应该"依靠自己生活"的中世纪观念不复

---

① 需要说明的是，表7—1所统计的1697—1713年、1714—1726年、1727—1759年、1760—1800年、1801—1819年、1820—1829年、1830—1837年7个阶段中，1697—1713年的土地税和定税额税与总纯收入比例达到最高值，即35.9%，之后，即呈逐阶段下降趋势。但这并不说明，议会所控制的直接税收入，在所有阶段都绝对减少了。因为，其一，1697—1819年，土地税和定税额税的年均收入一直呈不断增加的上升态势，从每年180.1万镑增加到706.3万镑。其二，自1798年起，英国开始课征所得税，所得税收入也是处于议会严格控制下的直接税收入。在英国历史上，所得税课征可以分为三个阶段，即1798—1816年为第一阶段。这时的所得税还主要为战时救急之用，是对法战争的直接结果，属于战时的非常课税，故此又被称为"击败拿破仑之税"，还不具备永久的性质，但是，其重要性毋庸多言，因为它是后来所得税的滥觞，而且带来了巨额的收入。1798—1801年、1803—1815年，所得税年收入额分别为1855996镑、6046624镑、6224438镑、5628903镑、5341907镑、4111924镑、6429599镑、12822056镑、11905588镑、13482294镑、13631922镑、14453320镑、14462776镑、15488546镑、15795691镑、14188037镑、15642338镑。1816年战时所得税被废除至1842年复兴为第二个阶段。其间，所得税停止课征，但是要求课征财产税或所得税的舆论并未中止。在这一阶段，议会调节财政收入的主要办法是增加间接税收入。1842—1862年为第三阶段，在这一阶段，有关所得税的法律渐加详密，所得税最终成为"常税"，并且在国家财政收入中的地位越来越重要。参见E.R.A. Seligman, *The Income Tax: A Study of the History, Theory, and Practice of Income Taxation at Home and Abroad,* New Jersey: The Lawbook Exchange, Ltd., 2004, pp. 57—115。

存在，相应的，"世俗补助金"的时代也一去不返。①也就是说，国王现在必须依靠议会才能够生活。

表7-1　　　1697—1837年土地税和估定税额税收入与总纯收入比例

时　间	土地税和估定税额税ª收入	年均收入	总纯收入ᵇ	比　例
1697—1713年	3061.1万镑	180.1万镑	8539.3万镑	35.8%
1714—1726年	1848.2万镑	142.2万镑	7679.1万镑	24.1%
1727—1759年	5377.8万镑	163.0万镑	21692万镑	24.8%
1760—1800年	10645.2万镑	259.6万镑	57403.3万镑	18.5%
1801—1819年	13419.3万镑	706.3万镑	115408.5万镑	11.6%
1820—1829年	65200万镑	652.0万镑	581800万镑	11.2%
1830—1837年	35000万镑	437.5万镑	368100万镑	9.5%

资料来源：B.R. Mitchell, *British Historical Statistics*, Cambridge: Cambridge University Press, 1988, pp. 575—583.

a 英文为assessed tax。

b 1802年后为总毛收入。

议会通过财政解决对财政收入控制的强化，更主要地表现在议会对间接税控制的加强上，而这之中通过关税财政权规制对关税收入控制的加强最为引人注目。

"光荣革命"后，议会在财政解决过程中，对关税进行了有别于传统惯例的财政权规制设计。长期以来，议会在国王即位伊始即授予其关税终身课征权已成惯例。这个惯例萌生于1398年。是年，理查德二世获准可终身课征关税补助金。自理查德三世起，国王开始在即位初年就获得关税的终身课征权。从此以后，直到詹姆斯一世登基都一直如此。1625年查理一世即位时，议会虽然一度打破了这一惯例，仅批准他课征为期1年的关税，但是，1660年王权复辟后，议会因王权的财政支出需求，以及"虔诚的保王党人还把议会的这种行为，视作废黜和谋杀国

---

① Jurkowski, M., Smith.C.I., and Crook, D., *Lay Taxes in England and Wales, 1188—1688*, p. lxiii.

王的第一步"，①又恢复了这个惯例，再次同意国王可终身课征关税。在这种情况下，关税实际上就是国王"正常财政收入"的一部分。相应的，议会实际上也就根本不能通过关税对国王及其政府进行财政权上的规制。而1690年的议会，仅同意威廉三世和玛丽二世可以课征为期4年的关税（1694年时，课征期又改为5年），不再授予其关税的终身课征权，并予以严格执行。这样一来，在关税授予上就彻底打破了自理查德三世以来一直延续的传统惯例，实行了新的关税规制。

当然，问题的关键不在于对关税的规制设计本身，而在于财政解决中的这种规制设计能否对王权及其政府起到宪政意义上的限制作用，能否把它们的权力纳入财政权规制的轨道。

从复辟时期与财政解决后的历史比较看，议会对关税的这一规制设计确实起到了这样的作用。

复辟时期的王权，特别是詹姆斯二世，之所以敢有恃无恐地试图摆脱议会的控制，以身试险，建立绝对专制王权，其中一个极为重要的原因，就是议会缺少从财政权层面对关税进行的规制。王权复辟后，国王虽然确认了自内战以来关税权所发生的巨大变化，但是，与此同时，议会也批准了国王可终身课征关税。最初看来，议会的这种做法无可厚非。因为当时王权的财政状况极端窘迫，除每天需要支付6万余镑的军费外，还要偿还总额为2085363镑12先令10便士的债务。②在这种情况下，1660年代年均不到40万镑的关税收入，决不能从根本上解决王权的财政困难，因此，议会也就无须担心王权能游离于自己的控制之外。

然而，局势的发展却完全出乎意料。随着和平时期的到来，工商业经济和贸易日渐繁荣，英国的关税收入迅速增加，由1675—1685年的年均560000镑，增长到1686—1688年的年均约100万镑。结果，詹姆斯二

① C. Roberts, "The Constitutional Significance of the Financial Settlement of 1690", p. 62.
② 根据W.A.肖和M.杰克沃维斯基的有关数据计算得出。具体可参见W.A. Shaw (Prepared), *Calendar of Treasury Books, 1681—1685*, p. xii; M. Jurkowiski, C.I. Smith & D. Crook, *Lay Taxes in England and Wales, 1188—1688*, p. lvi。

世时期，国王财政多有盈余。①自然，议会的"钱袋子控制权"相应地受到了严重冲击，因此，议会也就难以从财政权规制层面对王权进行限制，更遑论把王权纳入财政权规制的宪政轨道了。

从实际管理运作角度看，复辟时期，议会对关税课征权的处理，事实上意味着其失去了对关税的日常操控权。这主要因为，在关税实行包税制期间，关税的管理要按照包税合同进行，议会难以插手其中。而且即使是在实行关税税收委员会直接管理期间，议会也因为复辟时期特殊的政治环境和缺少关税规制手段，很难对关税予以严格控制。因此，议会也就不能从关税的实际管理运作层面，限制王权及政府的权力。

相比之下，财政解决后，议会仅批准国王可连续课征为期4年关税的财政权规制设计，却起到了与此迥然不同的作用。对这一问题，我们有必要，并且完全可以从议会目的和实际效果两个层面分析。

就议会目的层面而言，对关税进行这种财政权规制，完全是出于限制王权及其政府，并希图把它们拉入自己设定的财政权规制轨道的需要。在财政解决前，议会在进行追溯既往的反思的同时，也对未来发展进行了推定。

一方面，一些下院议员反思认为，他们及其先辈最大的不幸，在于过于慷慨地批拨给了国王过多的款项，特别是错误地同意了国王可终身课征关税。否则，詹姆斯二世也就不敢冒天下之大不韪而试图建立绝对专制王权了。因此，必须从拨款上，尤其是从关税的课征时限上，对王权及其政府进行限制，以免重蹈覆辙，作茧自缚。

另一方面，议会考虑到，如果继续同意国王可终身课征关税，国王今后在财政上仍然相当宽裕的话，不仅有可能还会再次出现王权强化的趋势，使得自身沦落为权力的配角，甚至国王还有可能长期不召开议会，自己被完全架空。因此，仅仅是为了确保议会的定期召开，就完全有必要对王权进行关税上的财政权规制。这正如当时的托利派议员托马

---

① 1675—1685年的关税年均收入和1686—1688年的关税年收入分别为：560000镑，1012950镑13先令0.75便士、942292镑1先令8便士、929770镑7先令7.25便士。具体数字参见D.L. Smith, *The Stuart Parliaments, 1603—1689*, p. 90; British Library Additional Manuscript, 29990, f4。王权在1685—1688年的财政盈余，合计为298599镑1先令10.25便士。参见Public Record Office, T35/5。

斯·克拉格斯爵士所说的那样，"如果你给予（国王）以3年为限的关税收入的话，那么，就能确保议会的存在"，[1]进而限制王权。

正是在这一反思与推定的基础之上，议会设计了只同意国王可连续课征4年关税的财政权规制，以避免王权及其政府游离于自己的控制。

从实际效果层面看，议会的关税财政权规制确实也成效显著，总体上实现了以此确保议会定期召开，从而进一步限制王权及其政府权力的目的。

"光荣革命"后，关税在财政收入中一直占有的极为重要的地位，决定了财政规制必将起到巨大作用。1688—1702年，关税收入总额为1320万镑，[2]关税收入额与总纯收入的比例，最低为18.2%，最高为42%，具有极其重要的地位。具体数据参见表7—2。

表7-2　　　　1688—1837年关税收入与总纯收入比例

时　间	关税收入	总纯收入	比　例
1688—1691年[a]	192.0万镑	861.3万镑	22.3%
1692年[b]	89.8万镑	411.1万镑	21.8%
1693年	68.9万镑	378.3万镑	18.2%
1694年	89.2万镑	400.4万镑	22.3%
1695年	89.9万镑	413.4万镑	21.7%
1696年	102.8万镑	482.3万镑	21.3%
1697年	71.9万镑	329.8万镑	21.8%
1698年	113.3万镑	457.8万镑	24.7%
1699年	147.2万镑	516.4万镑	28.5%

[1]　C. Roberts, "The Constitutional Significance of the Financial Settlement of 1690", p. 61.

[2]　M.J. Braddick, *The Nerves of the State: Taxation and the Financing of the English State, 1558—1714,* p. 64. B.R.米切尔的关税统计数据与M.J.布拉迪克的数据有较大出入，B.R.米切尔统计的1688年11月5日至1714年9月29日的关税收入为1422.5万镑，其间的总纯收入为5549万镑，关税收入占总纯收入的25.64%。另外，根据C.罗伯茨的统计数据，1689—1691年、1692—1694年、1699—1701年，关税的年均收入分别为372772镑、392196镑和465496镑，各占财政收入的35.81%、41.63%和47.52%。参见C. Roberts, "The Constitutional Significance of the Financial Settlement of 1690", p. 63. C.罗伯茨与B.R.米切尔的统计数据也有较大出入。这是统计范围和统计方法不同的结果，并不影响我们的定性分析。

续表

时 间	关税收入	总纯收入	比 例
1700年	152.3万镑	434.4万镑	35.1%
1701年	158.3万镑	376.9万镑	42.0%
1702年	146.9万镑	486.9万镑	30.2%
1703—1714年	1635.0万镑	6473.2万镑	25.3%

资料来源：B.R. Mitchell, *British Historical Statistics*, Cambridge: Cambridge University Press, 1988, pp. 575—577.

a 为1688年11月5日至1691年9月29日的统计数据。

b 此后的统计截止日期均为当年的9月29日。

这就意味着，在议会仅授予4年或5年关税课征权的财政权规制下，如果不定期召开议会，以获得关税课征权，继续课征在财政收入中占有极为重要份额的关税的话，王权及其政府的财政势必难以正常运转。

其必然的结果是，在威廉三世和安妮女王时期，每两次议会选举时间的间隔从未超过3年，而且每年都召开一次议会会议，"一年内议会开会的时间，约与（光荣革命）之前10年间开会的时间总和一样多"[1]。这表明，在财政解决后，议会会议的召开趋于经常化和制度化，议会真正成为国家机器中不可或缺的主要组成部分，"被认为是一些根本性问题的主宰者"，[2]与复辟时期形成了鲜明对照。

不过，应该承认的是，在一个英王并非"威尼斯大公"，而且仍然拥有强大权力，特别是依旧控制着作为中央权力主体的行政权的时代，议会通过关税的财政权规制对王权及其政府的权力限制还相对有限。但是，从另外的角度看，非常值得注意的是，正是这些有限的、粗糙的限制，后来却起到了在当时始料未及的重大作用，即实现了"由在议会中居于支配地位的政党，最终控制了行政机构"，[3]把整个国家权力纳入了经由财政权规制的宪政轨道。

---

[1] B.W. Hill, *The Growth of Parliamentary Parties, 1689—1742*, London: Allen & Unwin, 1976, p. 23.

[2] G.L. Cherry, "The Role of Convention Parliament (1688—89) in Parliamentary Supremacy", *Journal of the History of Ideas*, Vol. 17, No. 3, 1956, p. 23.

[3] C. Roberts, "The Constitutional Significance of the Financial Settlement of 1690", p. 73.

要理清这一问题，还是要回溯到议会对关税的财政权规制目的上。从根本上看，议会只授予国王4年关税课征权的财政权规制，最初其意并不在于控制国家的行政权力，而是把之留给了国王及其大臣。但是，另一方面，议会却持有明显地干预行政权的意图。在1690年3月27日关于授权国王课征关税的议会辩论中，爱德华·西摩爵士竭力辩称，每当我考虑到不久前我们在一次议会上就同意国王可永久课征关税时，就感到惊讶迷茫，如果这种情况持续下去，让国王在关税课征上过于自由的话，将会使国王的"大臣们独立自主"；"我们把国王安置上王位，让其保留在王位之上"，但是在这里，"我自始至终看到的是，议会（在关税问题上）的仓促决定，对英国决不会产生良好的结果"，因为"我们已经得知，以前的国王们曾获得了让我们轻易就要做出妥协，陷我们于悲惨境地的（自由的关税）收入"。①在3月28日星期五的辩论中，科洛尼尔·奥斯汀总结说，对关税的课征时限问题，我们已经进行了太多的讨论。我反对为了国王和女王的缘故而讨论这一问题。"我反对批准国王终身享受（关税）收入，因为现在的国王在他还是亲王时，对此已经在其《权利宣言》中做出了宣告。他的职责是确保我们的安全，而不是再次把我们带入不幸之中"，"我的意思是说"，"如果（国王）终身享有关税收入，将很难对邪恶的大臣们进行质询，也根本不能影响并控制他们"。②毫无疑问，在相当程度上，正是出于意欲干预行政权的目的，特别是出于通过"清君侧"以限制国王行政权的目的，议会出台了对关税的财政权规制。

在关税的财政权规制实施后，随着议会的定期召开，议会对王权及其政府的行政权力影响越来越大。

首先，议会利用自己的财政权规制，对政府的行政政策施加影响。如1698年12月17日，下院在罗伯特·哈利的领导下，要求英国只保留7000人的武装力量，其余的"应该立即解散，而且只有土生土长的英国

---

① A. Grey, *Debates of the House of Commons, from the Year 1667 to the Year 1694*, Vol. X, London: St. John's Square, 1763, pp. 13—14.

② A. Grey, *Debates of the House of Commons, from the Year 1667 to the Year 1694*, Vol. X, p. 21.

人，才能继续在军队服役"。尽管威廉三世忠告议会说，若解散军队的话，英国会在即将来临的战争中陷于危险境地，但是，议会对此置若罔闻，以致国王万分绝望，甚至"考虑退出政府的管理，隐归荷兰"。①然而，即使如此，也丝毫没有动摇议会影响和限制国王及其政府政策的决心，威廉三世所做的一切最终都无济于事。

其次，议会还开始对王权及其政府的行政"绩效"进行各种各样的质询。在财政事务上，议会的公共账目委员会自1692年起，就开始对政府的账目有规律地定期审核。在战争政策问题上，上院和下院有权查阅审核大量的政府文件。结果，议会通过对管理过程的干预，逐渐建立起了"行政机构向议会负责"②的制度。

最后，随着行政大臣的任免日益与议会中党派力量的消长联系在一起，议会最终完成对行政机构的控制已不可避免。如果说1693年之前，威廉三世还能够保全国王的独立地位，能够"拒不接受由议会下院选择的大臣"，③而且在1698年以前，还能为了行政权力成功运转之便，安排由4位宠臣组成的"辉格党小集团"把持政府要津的话，那么，之后的情况则十分不同。1698年，由于以乡绅为主体的"后座议员"的支持，托利党在议会中占据了多数，威廉三世为了避免王权及其政府与议会的冲突和摩擦，不得已在1702年以前，一直以托利党为主组成政府。之后的安妮女王统治时期，尽管她素来偏爱托利党，但当1705年辉格党获得议会选举胜利时，也不得不免去托利党极端分子的职务，委以辉格党人。这一切表明，国王在行政大臣的任用上，越来越屈从于在议会中占多数的政党的意志，行政机构最终必将在议会规制的宪政轨道上运转，是不可逆转的历史发展趋势。

至此，议会在财政解决中对关税所进行的财政权规制的宪政作用和意义已经较为清晰，即议会通过仅同意国王可课征为期4年关税的财政权规制，确保了议会的定期召开，借此，议会在频繁的集会中，开始并

---

① J.R. Jones, *Country and Court: England, 1658—1714*, London: E. Arnold, 1978, p. 306.

② R. McJimsey, "Crisis Management: Parliament and Political Stability, 1692—1719", *A Quarterly Journal Concerned with British Studies,* Vol. 31, No. 4, 1999, p. 561.

③ J.P. Kenyon, "The Earl of Sunderland and the King's Administration, 1693—1695", *The English Historical Review*, Vol. 71, No. 281, 1956, p. 581.

逐渐加强了对王权及其政府权力的限制，使其按照议会规制的宪政轨道运作。

然而，单凭关税上的财政权规制而力图形成对王权及其政府的全面限制，无疑过于脆弱。从根本上看，议会进行关税财政权规制的根本目的，实际上主要是为了实现一种短绌财政权规制。议会如果建立起一种全面的短绌财政权规制的话，无疑能进一步强化对财政收入的控制权，形成王权及其政府对议会的完全财政依赖，进一步借此完成对它们的限制，并把它们拉入自己规制的宪政轨道。

在建立短绌财政权规制的过程中，议会采取了从表面上看来与复辟时期相同，但本质上却完全不同的方式。议会在1690年3—4月间，先后通过了几个财政法案，继续把王权的财政收入划分为正常财政收入和特别财政收入两部分，前者用于支付王室花费、大臣薪俸、和平时期的海军军费、维持皇家卫队和要塞的费用，而后者主要用于战争及其他非常需要。这是自中世纪以来一直采用的做法，并且和复辟时期似乎也没有什么不同，然而，问题的要害却不在于财政收入的划分与支出方向的表面性规定，而在于正常财政收入的来源构成及其相关规制，特别是规制下的正常财政收入，相对于王权及其政府和平时期的财政支出需求，总处于一种短绌状态，即议会建立起了短绌财政权规制，并凭借它而完成了对王权及其政府的宪政规制。因此，与复辟时期进行比较，并从比较中寻找到短绌财政权规制的宪政作用，仍然是最为理想的解决问题的方法。

复辟时期，王权及其政府的财政从赤字高悬最终走向了多有盈余。1660年王权复辟后，用于维持国王日常财政支出的正常收入主要源于关税、消费税和炉灶税，其中，关税和消费税经议会批准后，国王可终身课征。虽然如此，然而在王权债台高筑，经济和贸易都不景气的复辟初年，王权及其政府在财政上仍然处于捉襟见肘的窘迫境地。1660—1667年国王共借款822130镑7先令10便士，[①]及至1671年12月31日，国王债务已累计高达2182405镑10先令7.25便士。[②]然而，随着经济的发展，特

---

① W.A. Shaw (Prepared), *Calendar of Treasury Books, 1660—1667*, p. xxxiv.

② W.A. Shaw (Prepared), *Calendar of Treasury Books, 1669—1672*, p. xiii.

别是随着贸易的繁荣，关税净收入在1671—1672年上升到420000镑，1681—1688年年均超过555000镑，[①]消费税收入在1672—1685年增至年均453203镑，[②]1685—1688年的净收入分别高达589751镑11先令4便士、621984镑9先令0.75便士、696691镑10先令5便士、750441镑4先令10.25便士。[③]王权及其政府的财政收支趋于平衡，并在1674年和1678年的复活节至米迦勒节期间都出现了财政结余。1685—1688年，更是连年出现了财政结余，年度结余数字分别为181057镑15先令11.5便士、20600镑7先令5便士、96940镑18先令5.75便士。[④]另外，根据C.罗伯茨以W.A.肖的数据所做的统计估算，1685—1688年，包括关税、消费税、邮费、杂色收入、炉灶税在内的国王年均正常财政收入总计1500962镑，因此，如果詹姆斯二世保有的军队数量与查理二世一样多的话，他在和平时期的年均财政支出可能接近于1500000镑，国王的正常收入完全能够满足和平时期的财政支付要求。而且即使詹姆斯二世保有了更多的军队，也不存在任何财政赤字。因为，除上述这些巨额正常财政收入外，1685年6月，议会还同意国王课征关税附加税：酒、醋、烟草、糖的课征期为8年，法国的亚麻布、丝绸、白兰地，以及东印度公司货物的课征期为5年。这些关税附加税收入和正常财政收入年计总额为190000镑，因此，在和平时期，每年1699362镑的财政支出需求，[⑤]对于王权及其政府来说，根本不是问题。

现已非常清楚，出现连年财政结余的直接原因，毫无疑问是国王正常财政收入的迅速增加。

但是，在直接原因之外，更具有根本性的原因是什么呢？对这一问题，在前面论及关税的财政权规制时，已经部分做出了回答，即由于同意国王可终身课征关税，议会实际上难以从关税的财政权规制层面，控制国王的正常财政收入。另外的原因是，在关税收入之外，加上可由国王终身课征，而且收入量与关税相当，甚至有时比关税还要高的消费税

---

① H. Tomlinson, *Financial and Administrative Developments in England, 1660—88*, p. 101.

② W.A. Shaw (Prepared), *Calendar of Treasury Books,* 1681—1685, p. xviii.

③ British Library Stowe Manuscript, 314.

④ Public Record Office, T35/5.

⑤ C. Roberts, "The Constitutional Significance of the Financial Settlement of 1690", p. 64.

收入，议会根本就没有能够建立起短绌财政权规制。因而，议会很难形成王权及其政府对它的财政依赖，并难以进而规制它们的权力，也就实属自然。

与复辟时期由于缺少短绌财政权规制，而最终让王权及其政府的财政从赤字高悬走向多有盈余，并进而难以对王权及其政府进行限制不同，"光荣革命"后，议会通过短绌财政权规制，建立起了王权及其政府在财政上对议会的完全依赖，从而在根本上改变了上述局面。

在建立短绌财政权规制的过程中，除关税上的财政权规制外，议会还主要着手进行了两个方面的工作。

第一个方面是对王权及其政府的正常收入附加多种额外财政开支限制，突出表现在以关税和消费税为抵押，并且主要或部分由它们进行偿还的战争借款上。在批准国王课征为期4年关税的议案中，议会附加了要求国王以此为担保借款500000镑的条款；在批准国王可终身课征一部分临时性消费税的议案中，议会同样附加了要求国王以此为担保借款250000镑的条款。[①]这种情况在1693年以后愈演愈烈。根据P.G.M.迪克森的统计，1693—1698年，在国王同意举借的6900000镑长期国债中，[②]借款利息都主要是以关税和消费税为担保的。

议会的这一做法，最起码起到了三个作用。其一，以王权及其政府的正常收入做担保进行借款，在一定程度上把正常财政收入纳入了议会的财政权规制范围之内。其二，本应由议会拨款用于非常需要的支出，却要从王权及其政府的正常财政收入中开支一部分，有时甚至是大部分。如上述以关税和消费税为抵押筹借的款项，虽然用于了对爱尔兰的军事远征和对法战争，但最终其3/4是由关税和消费税收入偿还的。这使得本就短绌的正常财政收入短缺更为严重，从而加剧了王权及其政府对议会的财政依赖。其三，从特定维度对消费税进行了财政权规制。在1690年的财政解决中，消费税虽然没有像关税那样，仅批准国王有权课征数年，而是规定国王威廉三世可终身享用其中的一部分，另一部分由

①　C. Roberts, "The Constitutional Significance of the Financial Settlement of 1690", p. 64.

②　P.G.M. Dickson, *The Financial Revolution in England: A Study in the Development of Public Credit*, pp. 48—49.

国王世代永久课征。不过，这时议会附加的限制性条款，却毫无疑问地主要从借款担保和偿还层面，对国王及其政府的消费税权力进行了限制规定。

此处，为说明议会有关消费税财政权规制的重要性，有必要再次与复辟时期进行比较。实际上，以消费税为担保借款并不是什么新鲜事物。早在1683年，查理二世就曾要求消费税税收委员会成员查尔斯·达维南特、费利克斯·卡尔弗德和约翰·弗赖恩德，以他们负责征收的消费税为担保，为其提供借款。但是，这种借款在性质上属于国王的个人借款，几乎没有议会的权威渗透其中。而且值得注意的是，消费税税收委员会成员所以能够提供借款，主要原因是，消费税税收自征敛到手，到上交国库或转拨给其他部门，常常会在他们手中滞留一段时间，这正好为他们出借短期借款提供了方便。因此，这时期以消费税为担保的借款，还具有国王大臣以之牟利的性质。而财政解决后以消费税为担保的借款，具有公共财政借款的性质，是议会对王权及其政府的财政干预和限制。

第二个方面是废除了炉灶税。复辟时期，炉灶税一直是国王正常财政收入的重要组成部分，而且其收入量呈不断增长趋势，从1662—1664年的年均115000镑，增至1684—1688年的年均216000镑。这虽然不能与关税和消费税收入相比，但是，与1672—1688年每年只能带来5870.8镑的王室地产收入相比，却重要得多。[①]然而，炉灶税"从一开始就是被强烈仇恨的目标"，在其课征中一直存在着"以国王及其行政机构为一方，与以议会下院和民众为另一方"之间的斗争。[②]1664年以后，议会除了曾经进行过一次不成功的试图买断炉灶税的努力外，其余所有在立法上的努力，都以限制炉灶税的课征为目标。议会在1667—1681年召开的所有会议中，除1673年和1678年的议会会议因为会期过短而没有对炉灶税予以深切关注外，其余历次会议都格外注意炉灶税问题，先后提出

① C.D. Chandaman, *The English Public Revenue 1660—88*, pp. 115—332.

② 议会对炉灶税态度的变化，大体上以1664年为界。之前，议会对炉灶税的课征持积极支持的态度，并试图提高课征效率。但是，之后的态度发生了转变，转而对其课征施以立法上的限制。L.M. Marshall, "The Levying of the Hearth Tax, 1662—1688", *The English Historical Review*, Vol. 51, No. 204, 1936, p. 641.

了10个议案。尽管其中的7个议案因议会休会而被中止，仅剩的3个议案在通过了议会下院的所有立法阶段，提交到上院后，最终也没有通过，[1]但是，这已经充分表明，议会，特别是议会下院，对炉灶税的坚决反对态度。民众对炉灶税也极端愤慨，逃税和公然抗税一直持续。在包税商人包税期间，公开抗税更为激烈，有时甚至还群起而攻之。1668年2月，炉灶税首次实行包税制，当税收员到多赛特的布里德波特收税时，遭到了愤怒民众的石块袭击，税收员因之死亡。[2]

鉴于这种情况，"光荣革命"后，在对财政解决进行的先期讨论中，议会就决定废除炉灶税。国王威廉三世也没有过分地主张自己的炉灶税课征权。炉灶税废除的后果非常明显，正如C.罗伯茨一针见血地概略性指出的那样，如果1689年3月威廉没有放弃炉灶税，而且关税收入也没有因对法战争而减少了20000镑的话，那么，他可能会像詹姆斯二世那样，年均正常财政岁入达到1500000镑。但是，威廉却放弃了炉灶税。尽管下院一再声称对其进行补偿，却实际上从未这样做。因此，即使没有对法战争，并且假定威廉可以终身课征关税，他的年均正常财政岁入，也将会比和平时期的年均支出短缺200000镑。[3]也就是说，由于炉灶税的废除，威廉三世的财政收入与詹姆斯二世相比，绝对地减少了200000镑，王权及其政府对议会财政的依赖性，因此更趋加强，也将更加难以对抗议会凭借其财政大权对它们施加的宪政限制。

通过在财政解决中建立起短绌财政权规制，王权及其政府在财政收入和支出上出现了与复辟时期完全不同的状况。1689—1691年、1692—1694年、1699—1701年，王权及其政府财政赤字严重，年均赤字分别高达407758镑、577603镑和1222940镑，呈不断增长趋势。[4]具体数据参见表7-3。

① L.M. Marshall, "The Levying of the Hearth Tax, 1662—1688", pp. 628—646.

② M. Jurkowiski, C.I. Smith & D. Crook, *Lay Taxes in England and Wales, 1188—1688*, pp. lvii—lxiii.

③ C. Roberts, "The Constitutional Significance of the Financial Settlement of 1690", p. 64.

④ C. Roberts, "The Constitutional Significance of the Financial Settlement of 1690", p. 64.

表7-3 1688—1702年财政收支情况

时 间	总纯收入	总纯支出	财政赤字
1688—1691年[a]	861.3万镑	1154.3万镑	—293万镑
1692年[b]	411.1万镑	425.5万镑	—14.4万镑
1693年	378.3万镑	557.6万镑	—179.3万镑
1694年	400.4万镑	560.2万镑	—159.8万镑
1695年	413.4万镑	622.0万镑	—208.6万镑
1696年	482.3万镑	799.8万镑	—317.5万镑
1697年	329.8万镑	791.5万镑	—461.7万镑
1698年	457.8万镑	412.7万镑	45.1万镑
1699年	516.4万镑	469.1万镑	47.3万镑
1700年	434.4万镑	320.1万镑	114.3万镑
1701年	376.9万镑	344.2万镑	32.7万镑
1702年	486.9万镑	501.0万镑	—14.1万镑
合 计	5549万镑	6958万镑	—1409万镑

资料来源：B.R. Mitchell, *British Historical Statistics*, Cambridge: Cambridge University Press, 1988, pp. 575—578.

a 为1688年11月5日至1691年9月29日的统计数据。

b 此后的统计截止日期均为当年的9月29日。

这表明，威廉三世及其政府的财政完全入不敷出，其正常收入"仅够伙食钱"而已。在如此窘迫的困境下，不但"卯粮寅用"已属经常之举，而且其财政独立性已被彻底摧毁，离开议会的财政支持必然寸步难行。因此，议会利用短绌财政权规制，在议会召开趋于经常化和制度化的基础上，开始在立法上取得居于压倒国王的主导地位，在政府政策上施加越来越大的影响，在外交领域逐渐渗透自己的意志，从而使整个中央权力结构发生有利于议会，特别是有利于议会下院的重大变化，把王权及其政府拉入通过短绌财政权规制所设定的宪政轨道，成了历史发展的必然。

另外，还需要予以深入说明的是，随着处于议会严格控制下的直接税收入的增加，以及通过主观财政规制努力对间接税的严格控制，"光荣革命"以后，英国的财政收入构成进一步发生了有利于议会的重大变化，这为议会财政的建立和宪政的构建提供了收入构成上的保障。

"赋税是政府机器的经济基础"[①]，财政收入是一切财政体制赖以存在的基石，赋税性质和财政收入构成的变化，必然会对财政体制的性质产生重要影响，并进而影响到一个国家的政体。1690年英国财政解决中议会确立的财政权规制，促使财政收入构成发生了重大变化，形成了与"王室财政"体制有着本质不同、与复辟时期的财政体制有着重大不同的收入构成结构。

在"王室财政"体制下，"源自各种特定权力和国王个人特权"的国王个人收入，在财政收入中占据绝对比例优势，而由议会批准的特别收入，仅占较小份额。如1560—1602年、1603—1625年和1626—1640年，经过议会批准的收入只占财政收入的27.08%、27.12%和24.48%，而未经议会批准的收入比例却高达72.92%、72.88%和75.52%。[②]只要这种比例关系得不到改变，"王室财政"体制就不会失去其存在的基础，议会也就不可能仅凭其有权控制的小比例收入，形成宪政模式下的财政主权，从而对王权及其政府实施强有力的宪政限制。

复辟时期，议会批准的税收收入，虽然在财政收入中占据了数量上的优势，但是由于国王可终身课征关税和消费税，议会实际上能够控制的财政收入，仍然相对较为有限，宪政的建立依旧缺乏财政收入构成上的基础。

而1690年的财政解决，通过关税的财政权规制，关税在性质上成了一种彻头彻尾的议会间接税，而不再像复辟时期那样，由于国王可终身课征关税，议会的关税权残缺不全。同时，通过对王权及其政府的正常收入附加多种额外财政开支限制和废除炉灶税而建立起来的短绌财政权规制，则降低了正常财政收入在整个财政收入中的比例。

结果，一方面，1689—1701年，威廉三世终身享用的正常财政收入只有100万镑左右（1697年的国王年金法案，将这一数额固定为每

---

① 马克思：《哥达纲领批判》，载《马克思恩格斯全集》第19卷，人民出版社1956年版，第32页。

② M.J. Braddick, *The Nerves of the State: Taxation and the Financing of the English State, 1558—1714*, p. 12.

年70万镑），约仅占1689—1714年国家年均财政收入4600270镑①的
21.74%。另一方面，议会税收收入在国家财政收入中占据了压倒性的比
例优势，在财政解决后的25年中，议会批准的直接税和间接税收入，分
别占国家财政收入的39.98%和56.91%，而包括王室财产出卖收入、铸币
收入等在内的所有国王个人收入，只占3.11%。②在这种议会税收收入占
绝对优势，正常财政收入仅占较小份额，而且还最主要地来源于议会批
准和严格控制的税收的收入构成模式下，王权及其政府对议会的财政依
赖性显而易见，离开了议会，国王连最基本的"伙食钱"也难以保证。

因此，在许多重大问题，特别是宪政问题上，"一遇冲突，如果议
会动用财政手段，它就能占上风"③，总能迫使国王屈服，听命于它的
安排，在它宪政的限制范围内处理和解决这些问题。

第二节 财政解决与议会财政支出权
确立的宪政意义

财政支出规模膨胀，为议会财政支出控制权的确立提供了契机。
这主要是因为，随着财政解决过程中建立起来的议会对财政收入控制的
加强，以及支出的急遽膨胀，必然会加剧国王及其政府对议会的财政依
赖。此时，议会真正获得了确立财政支出控制权的时机。

关于财政支出规模膨胀的原因，前面提及的J.A.熊彼特、M.J.布拉
迪克、P.K.奥布赖恩等"财政国家"论者，已经给出了精辟的解释。他
们认为，推动以国王的"领地收入"为核心的"领地收入"国家，向以
议会批准的"税收收入"为核心的"财政国家"转变的主要原因，毫无

① M.J. Braddick, *The Nerves of the State: Taxation and the Financing of the English State, 1558—1714*, p. 10.

② M.J. Braddick, *The Nerves of the State: Taxation and the Financing of the English State, 1558—1714*, p. 10.

③ 哈里·狄金逊：《1688年"光荣革命"的革命性问题》，第92页。

疑问，是当时以重火器应用为标志的"军事革命"，正是"军事革命"和战争急需，造成了财政支出规模的迅速膨胀。

在1690年英国财政解决前后，学者们提到的战争急需切实发生了。1688—1714年，英国先后参加了1689—1697年的九年战争和西班牙王位继承战争，只享受了3年左右的和平时光。战争意味着财政支出规模的迅速膨胀。1688年以前，王权及其政府的"年均财政支出不到200万镑"，而"1689至1702年，财政年均支出额为500万—600万镑"①，到1710年，"军费支出约占国民财富的9%"。②

军费支出之所以增加迅猛，主要与两个因素有关。一是海军舰船数量迅速增加，必然引起费用的增加；二是战争军费支出规模的急剧膨胀。

表7-4　　　　　　　1702年、1710年英国海军舰船数量

时　间	舰船总数	第一线作战舰船数	舰船载人数
1702年	224	130	38874
1710年	313	—	48072

资料来源：M. Duffy (ed.), "The Military Revolution and the State, 1500—1800", *Exeter Studies in History*, No. 1, 1980, Table. N.

表7-5　　　　1689—1697年、1702—1713年战时军队人数及军费支出

时　间	人数		总人数	年均军费支出	年均税收收入
	海军	陆军			
1689—1697年	40262	76404	116666	5456555镑	3640000镑
1702—1713年	42938	92708	135646	7063923镑	5355583镑

资料来源：J. Brewer, *The Sinews of Power: War, Money and the English States, 1688—1783*, London: Unwin Hyman, 1989, p. 30.

① P.G.M. Dickson, *The Financial Revolution in England: A Study in the Development of Public Credit*, p. 46.

② J. Brewer, *The Sinews of Power: War, Money and the English States, 1688—1783*, London: Unwin Hyman, 1989, p. 41.

财政支出规模迅速膨胀显而易见的直接后果，是政府债务的剧增。1689年，政府尚无多少债务，但九年战争结束后，政府债务高达16700000镑。西班牙王位继承战争开始时，政府债务曾一度下降到14100000镑，但到1713年又剧增至36200000镑。[①]

表7-6 1693—1713年军费开支与债务统计

时 间	陆军军费	海军军费	军械费用	未偿国债额
1688—1691年[a]	520.0万镑	309.8万镑	65.9万镑	310[c]万镑
1692年[b]	190.0万镑	123.9万镑	25.4万镑	330万镑
1693年	234.6万镑	192.5万镑	38.0万镑	590万镑
1694年	211.9万镑	213.2万镑	23.9万镑	610万镑
1695年	255.9万镑	189.0万镑	41.7万镑	840万镑
1696年	174.9万镑	192.9万镑	25.3万镑	1060万镑
1697年	264.6万镑	282.2万镑	52.1万镑	1670万镑
1698年	134.3万镑	87.7万镑	4.9万镑	1730万镑
1699年	101.8万镑	123.2万镑	4.4万镑	1540万镑
1700年	35.9万镑	81.9万镑	7.3万镑	1420万镑
1701年	44.2万镑	104.6万镑	5.0万镑	1410万镑
1702—1714年	3391万镑	2966.6万镑	264.5万镑	26550万镑

资料来源：B.R. Mitchell, *British Historical Statistics*, Cambridge: Cambridge University Press, 1988, pp. 578—600.

a 为1688年11月5日至1691年9月29日的统计数据。

b 此后的统计截止日期均为当年的9月29日。

c 为1691年9月29日统计的1691年的数据。

但是，更为重要的是客观战争形势，以及其带来的财政支出规模迅速膨胀所产生的间接后果，即对财政解决所起的宪政推动作用。

对这一问题，学术界存在着两种截然不同的观点。C.罗伯茨认为，议会在财政解决中强加给威廉三世的财政限制，是其对王权及其政府进行宪政限制策略的根本，议会进行的宪政限制，绝不仅仅是偶然的战时

---

① J. Brewer, *The Sinews of Power: War, Money and the English States, 1688—1783*, p. 30.

财政急需的副产品，因为由于议会在关税上进行的限制，特别是炉灶税的废除，使得即使和平时期到来，"威廉的主要问题"，将只不过是"赤字的控制，而不是赤字不复存在"。[①]H.罗斯维尔却和前面提到的J.卡特一样，十分重视战争的作用。H.罗斯维尔指出，尽管C.罗伯茨一再强调议会强加的财政限制对宪政策略的根本性作用，但是"威廉登基后，英国即卷入了从未经历过的花费如此昂贵的战争，对于理解财政革命的其他主要特征，即新税的增生、巨额贷款的筹借、诸如英格兰银行及股票和证券市场等新机构的创设，都至关重要"。[②]C.罗伯茨和H.罗斯维尔的观点都极富见地，但同时也片面地把主观上的财政权规制努力和客观上的形势推动混淆在了一起。

实际上，议会的关税财政权规制和短绌财政规制，主要着眼于和平时期，主观上力图通过规制确保的经常化、制度化召开的议会会议，对王权及其政府进行宪政限制。而战争带来的战时财政急需和财政支出规模的迅速扩大，则从客观上加强了议会对财政支出的控制权。

相比较而言，真正决定王权及其政府步入宪政轨道的，还是议会主观上的财政权规制努力。这主要是因为，在英国历史上，战时的财政急需经常存在，但是由于缺少像1690年财政解决中建立起来的财政权规制，都最终没能建立起真正意义上的议会财政权，也就不能从根本上形成对王权及其政府的宪政限制。而"光荣革命"后，议会通过财政解决建立起了短绌财政权规制，这就决定了在以军费支出为主的财政支出迅速上涨的同时，国王的固定岁入却不会有明显增长，1689—1701年，国王的年均岁入还不足100万镑，仅为詹姆斯二世时的一半，之后还有减少。由此可知，之后，用于财政支出的主要是议会直接税，以及以议会税收为担保的借款。

随之而来的结果必然是，国王及其政府在财政支出上对议会的依赖愈来愈强。议会利用这一财政上的依赖，逐渐建立起了其对财政支出的控制权，进一步把王权及其政府拉入了其划定的宪政轨道。

财政解决后，议会通过建立起财政预算制度、财政审查制度和专款

---

① C. Roberts, "The Constitutional Significance of the Financial Settlement of 1690", p. 64.

② H. Roseveare, *The Financial Revolution, 1660—1760*, p. 32.

专用制度，从制度上加强并逐渐巩固了对财政支出的控制权。

　　财政预算制度实质上是对财政支出的预算制度，指国库大臣或国库委员会每年编制财政预算案，提交议会审议批准的制度。财政预算案一经议会通过，国王无权随意变更。财政意义上的"预算"一词，迟至1733年才出现，直到1760年以后方渐趋常用。①约18世纪中叶以后，议会建立起了固定预算日制度，即在每届议会上，都确定某一天专门讨论财政预算。该日，财政大臣必须向议会作详细的财政报告。财政报告包括上年度财政的收支状况，以及下年度所需经费数额、计划课征税收的类别等。而后，下院的各个专门委员会对财政大臣的报告内容分门别类进行调查核实。议会根据专门委员会的调查报告，对预算案进行讨论、修改和表决。议会固定预算日制度的建立，标志着议会财政预算制度的最终确立。

　　不过，早自1688年起，议会就已经开始了对军费的"预算"。"光荣革命"后，常备军合法化，其军费由议会根据预算按年拨付。英国历史上，兵役拨款由议会按年度拨付尚属首次。这不但是后来全面财政预算的先导，还为财政审查制度和专款专用制度的出现奠定了基础。

　　财政审查制度指议会成立财政审查委员会，对上年度的财政收支状况进行财政审查，其目的是确保财政预算案的严格执行。财政审查是议会对财政支出的审查，按审查对象不同，可以分为两类。一类是对军费的审查；一类是对国王和王室及政府文职人员薪俸的审查。前一类审查出现较早。1690年，下院就对前两年的军费收支账目进行了审查，这可能是英国历史上议会首次真正对财政支出账目进行审查。1691年又进行了同样的审查。之后，下院的审查渐趋经常。H.霍维茨指出："1691——

---

　　① 不同史家对财政意义上的"预算"的出现时间有不同的看法。D.M.吉尔认为，虽然财政意义上的"预算"一词首次出现于1733年，但是1691年以后，实际意义上的财政预算已经存在。预算由财政大臣提出，经议会讨论决定。D.M.吉尔援引《国家文件·国内卷》1691年9月8日、1692年7月2日、1694年9月18日、1696年6月5日、1702年9月29日等有关日期的相关文件记载，对之加以证明。参见D.M. Gill, "The Treasury, 1660—1714", pp. 609—615。而W.肯尼迪则认为，尽管"光荣革命"以后，财政部门或内阁对议会的影响逐渐加强，但是它们除了能够从议会获取税收拨款外，其他方面对议会的影响微乎其微，也不能在征税上给议会提供建议以作参考。因此，1713年前根本没有"预算"。参见W. Kennedy, *English taxation 1640—1799: An Essay on Policy and Opinion*, p. 58, note. 1。

1697年，国王政府被迫生活在相继成立的数个议会委员会的监督之下。"①当然，对1690年代的议会财政审查不可估计过高。这是因为，一方面，议会的财政审查制度还处于草创阶段。另一方面，这一时期国王和王室的生活费用及文职政府经费，还没有与军费支出截然分开，而且文职政府经费支出，起先并未实行年度拨付，国王和王室生活费用与文职政府经费还混为一体。后一类审查直到1780年方才出现。是年，诺思政府迫于议会对王室财政管理不善、冗员过多、浪费严重、滥用年金收买议员等问题的指责和攻击，同意成立专门委员会，对国王的年金收支账目进行审查。至此，议会获得了国王年金的审查权。

18世纪时，议会虽然已经获得了对两类支出的审查权，但审查并非十分有效，"许多陈年旧账未经审核"②。这主要是因为，自16世纪起就已经设立的对各部门财政工作实施监督的两名财政审计员，到18世纪时已蜕变为挂名闲职，根本起不到任何监督作用，尸位素餐现象严重。结果，各部门经费超支，账目管理混乱，贪污受贿等腐败现象愈演愈烈。为此，1780年代，下院成立了公共账目审查委员会，对政府各部门财政收支账目进行详细审查。1785年，议会又通过法案，废除了已经不起任何作用的财政审计员，成立了审计署，以加强对各部门财政账目的审核，以及对财政人员的监督。但是，由于审计官员仍然实行任命制，缺乏专业审计和财会知识，因而审计效率不高。这一情况直到1830年代的文官制度改革后，才得以改变。

几乎与文官制度改革同步。1830年，专款专用审核实行新的审核办法，即不但对专用款项的支出是不是超出职务范围的支出进行审查，还对支出是否用于议会指定的用途，支出是否超出专用款项的议会拨款额进行审核。新的审核办法首先施于海军部，接受审查的不仅有海军部的会计部门，还有海军部军部委员会。1846年，新的审核办法进一步施于陆军和军需部门。1866年，所有的文职部门的支出账目，也按照新的审核办法审核。至此，议会的财政审查制度得以完善。

---

① H. Horwitz, *Parliament, Policy and Politics in the Reign of William III*, Manchester: Manchester University Press, 1977, p. 314.

② E.E. Bridges, *The Treasury*, p. 25.

专款专用制度是指财政支出预算实行专款专用的制度，即用于支出的各项经费的来源和用途，都有明确的规定。专用款项用于支出的有效期为一年，超出一年仍未开销之余额被议会收回。财政解决后的专款专用实践开始于1690年。是年3至4月，议会通过几个财政法案，把政府岁入分为国王固定岁入和议会特别拨款两部分。前者供王室和政府日常开支，后者则用于战争等非常财政支出需要。

然而这一划分只是初步确定了军事费用和其他费用间的界限，并没有把王室、文职政府经费和军费严格分开，有时国王的固定岁入仍然要承担部分战争费用，由是导致威廉三世统治初年固定岁入每年都大量超支。

为解决这一问题，1697年，议会通过《国王年金法案》，授予国王每年70万镑的年金，终身享用。国王年金只用于国王和王室的生活费用，以及政府文职人员、法官的薪俸开支等，凡是战争费用，全部由议会承担。军事费用和其他费用间的界限，因而更趋明朗。

但是，这时国王和王室的生活费用，仍然没有与政府文职人员的薪俸分别开来。之后，随着物价的不断上涨，政府规模的日益扩大，以及国王赏赐等各项费用开支的增加，国王年金赤字不断，而且数额逐年增加。乔治一世、乔治二世和乔治三世都曾经提请议会代为承担偿债义务。1782年局面稍有改观。该年出台的《国王年金分类法案》把90万镑的国王年金一分为二，一部分是用作国王和王室生活费用，以及国王个人赏赐的御用钱。另一部分是用于支付司法、行政和外交等部门文职官员薪俸的政府经费。关于1782年《国王年金分类法案》的重要意义，H.罗斯维尔评价说，它标志着"议会即将完善其审查权，并对文职政府经费支出进行改革——二者一旦完成，那么，一个新时代随之开始"[1]。

然而，《国王年金分类法案》虽然起到了净化议会，抑制腐败的作用，但国王的年金赤字仍然存在。后来，部分文职官员薪俸逐渐不再由国王年金支付，而是改由议会按照预算每年拨款支付。1830年，《国王年金法案》出台。该法案规定，政府官员薪俸一律从"统一基金"中

---

① H. Roseveare, *The Treasury: The Evolution of a British Institution*, p. 89.

支付，51万镑的国王年金只用于国王和王室生活费用，以及国王个人赏赐。[1]1830年的《国王年金法案》标志着专款专用制度的最终建立。

从以上论述可知，三种制度的建立过程，也是议会逐渐加强对王权及其政府财政支出的监督、审核，逐渐建立和完善议会的财政支出控制权的过程。三种制度相辅相成、密不可分，共同从制度建设上推动了议会对财政支出控制的加强与完善，并把王权及其政府拉入了既定的宪政轨道。

第三节　财政解决后的议会与中央财政管理机构的关系

在1642年以前的"王室财政"体制下，中央财政管理机构的命运总是漂浮不定。这其中的直接原因是，只有国王及其王室才是财政管理真正的中心所在。但是，其根本原因，还是国王的正常财政收入在整个财政收入中占据了绝对比例优势。王权复辟后，议会控制的财政收入虽然在整个财政收入中占据了优势地位，但是，在财政收入，特别是在关税收入的实际管理运作上，还缺乏日常的实际操控权。另外，鉴于当时"复辟"的政治环境，议会对王权也多有忍让，对其财政支出的控制也软弱无力。这就决定了，复辟时期，中央财政管理机构在很大程度上仍然是王权的附属，依旧听命于王权，其人员安排也主要决定于王权的主观选择。

而财政解决后，由于议会短绌财政规制的限制作用，及其控制的直接税收入的增加，再加上对财政支出控制权的加强，议会在整个财政收入和支出中占据了绝对优势，从根本上改变了"王室财政"体制下的收入和支出结构。与复辟时期相比，议会对财政收入的操控权更趋稳固，并通过财政审查制度，加强了对财政支出的控制。结果，财政解决后，

---

① 　D.L. Keir, *The Constitutional History of British since 1458*, p. 389.

议会和中央财政管理机构的关系发生了根本性变化。

财政解决后，国库的权威与日俱增，成了最主要的中央财政管理机构，管理着整个国家的财政支出。随着国库机构的日趋健全，它逐渐具备了现代财政部的各种特征，其相对独立性也日渐增强。

但是，这并不意味着议会对它没有控制权。从根本上讲，这主要是因为，国库进行财政支出管理的必然前提是，它所有的支出都来自议会控制的税收收入。所以，国库必须要接受议会的监督与控制。

其一，议会转变了财政署的职能，强化了对国库（后来的财政部）的监督与控制。财政解决后，财政署渐渐退出了日常财政管理，不再作为财政管理部门参与具体的管理事宜，也不再作为国家的行政管理部门而存在，而是开始转而对议会，特别是对议会下院负责，成了议会财政审计的得力工具，负责公共账目的审查。1866年的财政署和审核法案，把财政署审核员职位和审计总长职位合二为一，建立了新的稽核审计署。稽核审计署在稽核审计长的统一领导下，对财政支出进行审计。稽核审计署的职责有二：一是确保各项财政支出均用于议会批准的用途；二是对各类支出账目进行审计，并向下院呈报有哪些支出未用于议会批准的用途。[1]1866年的财政署和审核法案标志着，财政部及其下属部门的任何支出，如非经议会批准或不在统一基金的允许支出之列的，将遭禁止。[2]

其二，财政解决后，下院常常设立一些专门委员会，对国库的公共账目进行审核。1786年以后，议会的公共账目审查委员会渐趋常设，1862年3月31日，公共账目审查委员会正式以"公共账目委员会"命名。其职责主要有二：一是对财政部的账目进行审核；二是对议会批拨款项是否用于了议会批准的支出用途进行调查。正如W.E.格拉德斯通所评论的，"基于议会政府原则"而建立的公共账目委员会，使得"议会

① A. Todd (Abridged and Revised by Walpole), *Parliamentary Government in England: Its Origin, Development, and Practical Operation*, 2 vols, London: Sampson Low, Marston & Company, 1892, p. 236.

② A. Todd, *Parliamentary Government in England: Its Origin, Development, and Practical Operation*, Vol. II, p. 241.

对公共财政的控制体制趋于完善"①。

以上表明，财政解决后，随着财政收入构成比例的变化，以及议会对财政收入支出和控制权的加强，新型的议会与中央财政管理机构关系确立下来，即负责国家中央财政管理的国库向议会负责，并接受议会的监督和审核，必须在议会划定的宪政轨道上运作。

综观以上论述，可知，判断英国财政解决是否具有重要的宪政意义，是否推动了议会财政建立的关键，在于议会设计的财政权规制，是否确立起了并且加强了对财政收入和支出的控制，是否摧毁了君主政体的财政基础，进而引起了英国政治制度的根本性变化，把王权及其政府拉入了议会划定的宪政轨道。

在财政解决过程中，议会虽然和复辟时期一样，把王权及其政府的收入划分为正常财政收入和特别财政收入两部分，并且要求国王继续"依靠自己生活"，但是，议会的关税财政权规制和短绌财政权规制，却又使得原来君主政体的财政基础几乎消失殆尽，国王应该"依靠自己生活"的原则，在财政解决后只能曳足而行，形成了对议会的根本性财政依赖。

同时，在国家财政收入最主要地源自议会严格控制的税收的情况下，面对规模日益膨胀的战时财政需求，王权及其政府也根本离不开议会的财政支持。由于对议会的财政依赖，或者说，由于1690年财政解决确立起来的"政府财政的议会控制"②，国王不得不经常召开议会，议会的召开渐趋经常化和制度化。在定期且频繁召开的议会会议上，议会越来越多地利用自己的财政权，影响王权及其政府的行政政策，进一步在外交领域渗透自己的意志，渐渐控制了中央行政权力机构，并且在立法上取得了压倒国王的主导地位。

最终，整个中央权力机构的天平日益向议会一方倾斜，王权及其政府被拉入了议会划定的宪政轨道，英国政治制度发生了根本性变化。这就是1690年英国财政解决的宪政性质及其宪政意义之所在。

---

① A. Todd, *Parliamentary Government in England: Its Origin, Development, and Practical Operation*, Vol. II, p. 270.

② H. Roseveare, *The Financial Revolution, 1660—1760*, p. 31.

结语：坚守与改革
——英国财政发展与历史演进的 逻辑主线

    1066年至19世纪后期的英国财政史表明，英国财政在其发展与历史演进的过程中，始终遵循的逻辑主线是"坚守与改革"。具体说来，主要表现在以下五个方面：

    第一，财政收入构成上的"王室财政"体制向议会财政体制的过渡，是坚守与改革的历史发展结果。在"王室财政"体制下，国王个人财政收入在财政收入中占据了绝对优势，而议会批准的税收收入仅占较小份额。这是"王室财政"得以存在的收入构成基础。1640年代的革命爆发后，财政收入在构成上发生了"质"的变化，或者说，通过"革命性"的改革，财政收入在构成上发生了根本性的变化。财政收入最主要地来自议会税收。然而，这种通过"革命性"的改革所引起的"质"的变化，仅仅具有"暂时性"的特征。王权复辟后，有不少王室地产得以恢复，而且更为重要的是，议会同时又恢复了在国王即位之初就授予他关税终身课征权的传统惯例。因而，财政收入的构成虽然在其根本性质上发生了重大变化，但是在实际运作层面仍然保留了不少"王室财政"体制的特征，这典型地体现了英国政治文化模式中的"坚守"因子。"光荣革命"后，议会财政体制经过一系列的改革最终确定下来。表面上看来，"王室财政"体制的特征已经荡然无存，但是，实际上，某些旧有的特征仍然以"变种"形式保留了下来。比如国王应该"依靠自己生活"的观念，依然"坚守"在财政思想和财政实践之中，国王仍然拥有"正常财政收入"，虽然这些正常收入现在主要来源于议会批准的税收。后来的国王"年金"，在很大程度上仍然是对这一观念的坚守和维续。

第二，中世纪至19世纪后期，英国中央财政管理机构的沿革，更是典型地体现着"坚守与改革"的发展逻辑。具体说来，英国中央财政管理机构的"坚守与改革"，可以归纳为连续性、渐进性、经验性和灵活性四个特点。一直到现代早期，在英国仍然存在的国库、财政署和私室等财政管理机构，无一不是从遥远的中世纪继承下来的历史遗产。在英国历史上，每个时代的财政管理机构，都源自对旧有机构的改造，这是其连续性坚守的典型体现。英国财政管理机构和制度的萎缩蜕变、孕育新生，都是平稳自然、徐缓渐进过渡的结果，鲜有跌宕断裂的现象发生。这既体现着其坚守与连续性的特点，又体现了渐进改革的特征。英国中央财政管理机构的设立，很少是在某种现成理论的指导下完成的，也不是由议会法案一蹴而就地形成的，而是随着管理发展的需要，经过不断补充，逐渐发展起来的经验性特征，也是其"坚守与改革"历史发展逻辑的经典阐释。英国的中央财政管理机构和制度，能够根据不断变化的国内外形势，及时作局部调整，使其在保持旧形式的前提下，实现内容的更新，以适应新形势下管理需要的灵活性特征，也是对"坚守中的改革"和"改革中的坚守"的突出体现。

第三，英国关税性质的演变，也体现着"坚守与改革"的逻辑发展脉络。中世纪和1642年以前的现代早期，关税主要是国王的一种特权税，但是，这并不表明，议会和王权之间从来就没有发生过争夺关税权的斗争。实际上，从一开始，二者就展开了对关税课征控制权的争夺，有时争夺甚至还异常激烈。正是在这种争夺中，孕育了关税课征权主体的变革。1642—1660年，随着议会和王权斗争的高涨，以及议会的暂时性胜利，关税的课征权控制在了议会手中，但这种变化过于剧烈，背离了英国的政治文化传统。结果，王权复辟后，虽然关税的课征权继续掌控在议会手中，但议会同时又因为缺少关税的日常操控权，而使得自己的关税权残缺不全。这实际上是一种"改革"中的"坚守"。"光荣革命"后，随着议会与王权斗争的最终胜利，关税最终彻底演变为由议会严格控制的间接税,则又说明了"坚守"中的"改革"。

第四,英国财政借款性质的演变和国债的兴起与发展,也遵循着"坚守与改革"的逻辑发展脉络。在1642年以前,财政借款在本质上是国王的个人借款,属于私债的范畴。及至复辟时期,财政借款的性质发生了重大改变,逐渐具有了公债的性质,这体现了"改革"的特征。然而,这种"改革"只是一种过渡性的"坚守"性"改革"。因为用作财政借款担保的税收多是议会批拨给国王的可以终身课征的税收,因而在某种程度上仍然带有"私债"的性质。"光荣革命"以后,随着长期国债规模的膨胀,经过一系列的改革和实践,国债作为一种制度才最终得以确立,财政借款也最终在不断改革中完全具有了公债的性质。

第五,通过财政解决,建立宪政与议会财政的过程,也是在"坚守与改革"中实现的。财政解决中建立关税财政权规制和短绌财政权规制的原因,是基于对过去"坚守"的传统的反思,是对过去"坚守"的一种"改革"。通过财政解决实现权力向议会的重大转移,把王权及其政府拉入议会划定的宪政轨道,确立议会财政体制的漫长进程,也是在"坚守与改革"中逐渐完成的。

英国财政发展与历史演进的"坚守与改革"过程,也是议会和国王争夺财政权,特别是争夺课税权,确立宪政和法治的过程。在英国,课税权"很早就作为一个问题提出来,且纳税人同国王争夺税权的斗争贯穿整个中世纪",结果,课税权"在很大程度上控制在纳税人或由纳税人代表组成的权力组织中,国王征税便必须说明理由和依据"[1]。最终,随着议会在与国王争夺财政权的斗争中取得决定性胜利,国王虽然"坚守"了一定的财政权,但绝大部分财政权却在斗争中被"改革"掉了,议会从国家法律层面正式确立了现代意义上的宪政民主制度,并承担起推行公共财政制度的历史责任。

中国的财政发展与历史演进与英国截然不同。在中国,财政史的起点"是家长制,由家长制经君主制到君主专制,是其发展的基本路径",其中,"宗法制则是形成这一路径所必经的桥梁",这"必然进一步导致两个依次递进的结果:法律意识的淡漠和民本精神的缺乏",

---

[1] 顾銮斋:《从比较中探寻中国中古社会赋税基本理论》,第39页。

结果，"征税过程仅仅体现皇帝或国家的意志，而纳税人则被置于完全被动的地位，一任驱使和摆布"，民众在反抗时，"可以谴责官府甚至皇帝'苛政猛于虎'，可以揭竿而起，铤而走险，却始终没有作为一个问题提出来，从根本上控制赋税的征收"①。自清末立宪运动以后的一百多年里，中国虽然一次又一次地向民主法治方向迈进，但命运一直曲折坎坷，始终没有找到一条能真正有效制约权力的道路。至今，"在中国人的头脑中"，"在人们的财政观念上，认为财政税收是以国家为主体的，是为政府服务的。宪法中只是规定了公民有依法纳税的义务，税法中只提出纳税人为单纯的'义务人'，而纳税人权利则几乎完全被忽略"②。也就是说，在中国的财政发展与历史演进过程中，中国更多地"坚守"了作为"一种文化现象的内在逻辑"的财政史"基本理论"，③而缺乏对其予以"改革"的精神。因此，当今中国只有在宪法中设置"财政税收法治的内容，或在有关国家机构、权力分配、公民权力和义务的规定中对财政体制的法治性质做出明确的阐述"，才能对我国的财政体制进行根本性的"改革"。

---

① 顾銮斋：《从比较中探寻中国中古社会赋税基本理论》，《史学理论研究》2005年第4期，第39—41页。

② 李炜光：《一个国家的财政史是惊心动魄的》，《民主与科学》2008年第2期，第20页。

③ 顾銮斋：《从比较中探寻中国中古社会赋税基本理论》，《史学理论研究》2005年第4期，第40页。

参考文献

一 英文类

A. Andréadès (Translated by C. Meredith), *History of the Bank of England: 1640—1903*, New York: Frank Cass & Co. Ltd., 1966.

A. Browning, "The Stop of the Exchequer", *History*, N.S.14, XIV, 1929—1930.

A. Grey, *Debates of the House of Commons, from the Year 1667 to the Year 1694*, 10 vols, London: St John's Square, 1763.

A.G.R. Smith, *The Government of Elizabethan England,* London: Edward Arnold, 1967.

A. Todd (Abridged and Revised by Walpole), *Parliamentary Government in England: Its Origin, Development, and Practical Operation,* 2 vols, London: Sampson Low, Marston & Company, 1892.

B.E.V. Sabine, *A Short History of Taxation*, London: George Allen & Unwin Ltd., 1966.

B.E.V. Sabine, *A History of Income Tax,* London: George Allen & Unwin Ltd., 1966.

B.R. Mitchell, *British Historical Statistics*, Cambridge: Cambridge University Press, 1988.

B.W. Hill, *The Growth of Parliamentary Parties, 1689—1742*, London: Allen & Unwin, 1976.

C. Clay, *Public Finance and Private Wealth: The Career of Sir Stephen Fox, 1627—1716,* Oxford: The Clarendon Press, 1978.

C. Cook & F. Wroughton, *English Historical Facts, 1603—1688*, New Jersey: Rowman and Littlefield, 1980.

C.D. Chandaman, *The English Public Revenue 1660—88*, Oxford: The Clarendon Press, 1975.

C.G.A. Clay, *Economic Expansion and Social Change: England, 1500—1700*, Vol. I, New York: Cambridge University Press, 1984.

C. Hill, *The Century of Revolution, 1603—1714*, Surrey: Thomas Nelon & Sons Limited, 1980.

C.L. Grose, "Louis XIV's Financial Relations with Charles II and the English Parliament", *The Journal of Modern History*, Vol. I, No. 2, June, 1929.

C. Roberts, "The Constitutional Significance of the Financial Settlement of 1690", *The Historical Journal*, Vol. 20, 1977.

C. Webber & A. Wildavsky, *A History of Taxation and Expenditure in Western World*, New York: Simon and Schuster, 1986.

D.L. Keir, *The Constitutional History of British since 1458*, London: A. and C. Black, 1960.

D.L. Smith, *The Stuart Parliaments, 1603—1689*, London: Arnold, 1999.

D. Miller, *Philosophy and Ideology in Hume's Political Philosophy*, Oxford: The Clarendon Press, 1981.

D.M. Gill, "The Treasury, 1660—1714", *The English Historical Review*, Vol. XLVI, October, 1931.

D. Ogg, *England in the Reign of Charles II*, 2 vols, Oxford: The Clarendon Press, 1956.

E.B. Schumpeter, "English Price and Public Finance, 1660—1832", *The Review of Economic Statistics*, Vol. XX, 1938.

E. Carson, *The Ancient and the Rightful Customs*, London: Faber & Faber Limited, 1966.

E.E. Bridges, *The Treasury*, London: George Allen & Unwin Ltd., 1966.

E.E. Bridges, *The Treasury, 1660—1870: The Foundation of Control*, Newton Abbot: George Allen & Unwin Ltd., 1973.

E.E. Hoon, *The Organization of the English Customs System, 1696—1786*, Newton Abbot: George Allen & Unwin Ltd., 1966.

E.J. Hughes, *Studies in Administration and Finance, 1558—1825: With Special Reference to the History of Salt Taxation*, Manchester: Manchester University Press, 1934.

E.L. Hargreaves, *The National Debt*, London: Edward Arnold Co., 1930.

E.L. Petersen, "From Domain State to Tax State: Synthesis and Interpretation", *Scandinavian Economic History Review*, Vol. XXIII, 1975.

E.R.A. Seligman, *The Income Tax: A Study of the History, Theory, and Practice of Income Taxation at Home and Abroad*, New Jersey: The Lawbook Exchange, Ltd., 2004.

E.R. Foster, "The Procedure of the House of Commons Against Patents and Monopolies", In W.A. Aiken & B.D. Henning, *Conflict in Stuart England: Essays in Honour of Wallace Notestein*, London: Cape, 1960.

F.C. Dietz, *English Government Finance, 1485—1558*, London: Frank Cass and Co. Ltd., 1964.

F. Hargrave, *A Collection of Tracts Relative to the Law of England from Manuscripts*, Vol. I, Dublin: E. Lynch, 1787.

G.E. Aylmer, *The Crown's Servants: Government and Civil Service under Charles II, 1660—1685*, Oxford: Oxford University Press, 2002.

G. Hammersley, "The Revival of the Forest Laws under Charles I", *History*, Vol. XLV, 1960.

G. Hull, *The Abolition of Antitrust*, New Jersey: Transaction Publishers, 2005.

G.L. Cherry, "The Role of Convention Parliament (1688—89) in Parliamentary Supremacy", *Journal of the History of Ideas*, Vol. 17, No. 3, 1956.

G.R. Elton, *The Revolution in Tudor Government*, Cambridge: Cambridge University Press, 1953.

G.R. Elton, *The Tudor Constitution: Document and Commentary*, Cambridge: Cambridge University Press, 1960.

G.R. Elton, *England under the Tudors*, London and New York: Routledge, 2001.

H. Atton & H.H. Holland, *The King's Customs: An Account of Maritime Revenue & Contraband Traffic in England, Scotland, and Ireland, from the Earliest Times to the Year 1800,* London: Murray, 1908.

H.E. Fisk, *English Public Finance from the Revolution of 1688*, New York: Banker Truster Company, 1920.

H. Hall, *A History of the Custom—Revenue in England: From the Earliest Times to the Year 1827*, 2 vols, London: Elliot Stock, 1885.

H. Horwitz, *Parliament, Policy and Politics in the Reign of William III,* Manchester: Manchester University Press, 1977.

H. Roseveare, *The Financial Revolution, 1660—1760*, London and New York: Longman, 1991.

H. Roseveare, *The Treasury: The Evolution of a British Institution,* London: Allen Lane the Penguin Press, 1969.

H. Roseveare, *The Treasury, 1660—1870: The Foundations of Control,* London: George Allen & Unwin Ltd., 1973.

H.Tomlinson, "Financial and Administrative Developments in England, 1660—88", In J.R. Jones (ed.), *The Restored Monarchy, 1660—1688*, New Jersey: Rowman and Littlefield, 1979.

J.A. Schumpeter, "The Crisis of Tax State", *International Economic Papers*, Vol. IV, 1954.

J. Brewer, *The Sinews of Power: War, Money and the English States, 1688—1783*, London: Unwin Hyman, 1989.

J.B. Stewart, *Opinion and Reform in Hume's Political Philosophy,* Princeton: Princeton University Press, 1992.

J. Carter, "The Revolution and the Constitution", In Holmes, G. (ed.), *Britain after the Glorious Revolution, 1689—1714,* London: St. Martin's Press, 1987.

J.C. Sainty, *Treasury Officials, 1660—1870,* London: the Athlon Press, 1972.

J. Gibson, *The Hearth Tax, other Later Stuart Tax Lists and the Association Oath Rolls*, Birmingham: Federation of Family History Societies, 1985.

J. Giuseppi, *The Bank of England: A History from Its Foundation in 1694*, London: Evans Brothers Limited, 1966.

J. Hurstfield, "The Profits of Fiscal Feudalism, 1541—1603", *The Economic History Review,* 2nd, Vol. VIII, 1955.

J.K. Horsefield, "The'Stop of Exchequer Revisited'", *The Economic History Review*, 2nd, Vol. XXXV, 1982.

J. Loach, *A Mid Tudor Crisis,* The Historical Association, 1992.

J. O'Callaghan, *Usury, or Interest, Provied to Be Repugnanat to the Divine and Ecclesiastical Laws, and Destructive to Civil Society,* New York: Published by the Author, 1824.

J.P. Kenyon, "The Earl of Sunderland and the King's Administration, 1693—1695", *The English Historical Review,* Vol. 71, No. 281, 1956.

J.R. Jones, *Country and Court: England, 1658—1714,* London: E. Arnold, 1978.

J.R. Jones, *The Restored Monarchy, 1660—1688*, Totowa: Rowman and Littlefield, 1979.

J. Thirsk, *The Agrarian History of England and Wales, 1500—1640,* Vol. 4, London: Cambridge University Press, 1967.

J.V. Becketh, "Local Custom and the'New Taxation'in the Seventeenth and Eighteenth Centuries: The Example of Cumberland", *Northern History*, Vol. XII, 1976.

J.V. Becketh, "Land Tax or Excise: The Levying of Taxation in Seventeenth and Eighteenth Century", *The English Historical Review*, April, 1985.

K. Schurer, *Surveying the People,* Oxford: Leopard's Head Press Limited, 1992.

L.M. Marshall, "The Levying of the Hearth Tax, 1662—1688", *The English Historical Review,* Vol. 51, No. 204, 1936.

M. Ashley, *Financial and Commercial Policy under the Cromwellian*

Protectorate, London: Frank Cass & Co. Ltd., 1972.

M. Duffy (ed.), "The Military Revolution and the State, 1500—1800", *Exeter Studies in History*, No. 1, 1980.

M.J. Braddick, *Parliamentary Taxation in Seventeenth Century England: Local Administration and Response,* Suffolk: the Boydell Press, 1994.

M.J. Braddick, *The Nerves of the State: Taxation and the Financing of the English State, 1558—1714*, Manchester and New York: Manchester University Press, 1996.

M.J. Braddick, "The Rise of the Fiscal State", In B. Coward (ed.), A Companion to Stuart Britain, Oxford: Blackwell Publishers Ltd., 2003.

M. Jurkowiski, C.I. Smith & D. Crook, *Lay Taxes in England and Wales, 1188—1688,* London: PRO Publications, 1998.

M.V.C. Alexander, *The First of the Tudors: A Study of Henry VII and His Reign*, Totowa: Rowman and Littlefield, 1980.

N.S.B. Gras, *The Early English Custom System*, London: Oxford University Press, 1918.

O. Bracha, "The Commodification of Patents, 1600—1836: How Patents Became Rights and Why We Should Care", *Loyola of Los Angeles Law Review*, 38, 2004.

P.A. Pettit, *The Royal Forests of Northamptonshine: A study in their Economy 1558—1714,* Northamptonshire Record Society, 23.

P.G.M. Dickson, *The Financial Revolution in England: A Study in the Development of Public Credit*, New York: St Martin's Press, 1967.

P.J. Helm, *England under Yorkists and Tudors, 1471—1603*, New York: Humanities Press, 1968.

P.K. O'Brien, "The Political Economy of British Taxation 1660—1815", *The Economic History Review,* 2nd, Vol. XLI, 1988.

P.K. O' Brien & P.A. Hurt, "The Rise of a Fiscal State in England: 1485—1815", *Historical Research*, Vol. LXVI, 1993.

P. Williams, *The Tudor Regime,* Oxford: The Clarendon Press, 1979.

R. Aston, "Revenue Farming under Early Stuarts", *The Economic History Review*, 2nd, Vol. VIII, 1955—1956.

R. Aston, *The Crown and the Money Market, 1603—1640*, Oxford: Oxford University Press, 1960.

R.B. Outhwaite, "The Trials of Foreign Borrowing: The English Crown and the Antwerp Money Market in the Mid—Sixteenth Century", *The Economic History Review*, 2nd, Vol. XIX, 1966.

R.B. Outhwaite, *Inflation in Tudor and Early Stuart England*, London · Melbourne · Toronto: Macmilian, 1969.

R. Dougles, *Taxation in Britain since 1660*, London: MacMillan Press Ltd., 1999.

R.D. Richards, *The Early History of Banking in England*, Westminster: P.S. King & Staples Limited, 1929.

R. Lockyer, *Tudor and Stuart Britain, 1471—1714*, Essex: Longman, 1964.

R. McJimsey, "Crisis Management: Parliament and Political Stability, 1692—1719", *A Quarterly Journal Concerned with British Studies*, Vol. 31, No. 4, 1999.

R. Roberts & D. Kynaston, *The Bank of England: Money, Power and Influence, 1694—1994*, Oxford: The Clarendon Press, 1995.

R.W. Hoyle (ed.), *The Estate of the English Crown, 1558—1640*, Cambridge: Cambridge University Press, 1992.

R.W. Hoyle, "Crown, Parliament and Taxation in Sixteenth—Century England", *The English Historical Review*, Vol. 109, 1994.

S.B. Baxter, *The Development of the Treasury, 1660—1702*, London · New York · Toronto: Longmans, Green and Co., 1957.

S. Dowell, *A History of Taxation and Taxes in England*, 4vols, London: Longmans, Green, and Co., 1884.

T.H. Lister, *Life and Administration of Edward: First Earl of Clarendon*, 3 vols, London: Longman, Orme, Brown, Green and Longmans, 1837—1838.

T. L. Heath, *The Treasury*, London and New York: G.P. Putnam's Sons Ltd.,

1927.

W.A. Shaw (Prepared), *Calendar of Treasury Books, 1660—1718*, 32vols, London: His Majesty's Stationary Office, 1904—1962.

W.A. Shaw, "The Beginning of the National Debt", In T.F. Tout (ed.), *Historical Essays,* Manchester: Manchester University Press, 1907.

W.D. Chester, *Chronicles of the Customs Department,* London: R.Clan, Sons and Taylok, 1885.

W. Kennedy, *English Taxation 1640—1799: An Essay on Policy and Opinion*, London: G. Bell & Sons Ltd., 1913.

W.R. Scott, *The Constitution and Finance of England, Scottish and Irish Joint—Stock Companies to 1720,* 3 vols, Cambridge: Cambridge University Press, 1912.

W.R. Ward, *The English Land Tax in the Eighteenth Century*, London: Oxford University Press, 1953.

二 中文类

[日]坂入长太郎：《欧美财政思想史》，张淳译，中国经济出版社1987年版。

[英]查尔斯·达维南特：《论英国的公共收入与贸易》，朱泱、胡企林译，商务印书馆1995年版。

[美]查尔斯·P.金德尔伯格：《西欧金融史》，徐子健、何建雄、朱忠译，中国金融出版社1991年版。

程汉大：《12—13世纪英国法律制度的革命性变化》，《世界历史》2000年第5期。

[英]C.M.奇波拉主编：《欧洲经济史》第2卷，贝昱、张菁译，商务印书馆1988年版。

[英]E.E.里奇、C.H.威尔逊主编：《剑桥欧洲经济史》第5卷，高德步、蔡挺、张林等译，经济科学出版社2002年版。

[法]费尔南·布罗代尔：《15至18世纪的物质文明、经济和资本主义》第3卷，施康强、顾良译，生活·读书·新知三联书店1993年版。

[英]弗里德利希·冯·哈耶克：《法律、立法与自由》第1卷，邓正来、张守东、李静冰译，中国大百科全书出版社2000年版。

[英]哈里·狄金逊：《1688年"光荣革命"的革命性问题》，《世界历史》1988年第6期。

黄仁宇：《资本主义与二十一世纪》，生活·读书·新知三联书店1997年版。

李炜光：《一个国家的财政史是惊心动魄的》，《民主与科学》2008年第2期。

马克思：《哥达纲领批判》，载《马克思恩格斯全集》第19卷，人民出版社1956年版。

马克垚：《英国封建社会研究》，北京大学出版社1992年版。

[英]M.M.波斯坦等主编：《剑桥欧洲经济史》第3卷，周荣国、张金秀译，经济科学出版社2002年版。

顾銮斋：《中西中古社会赋税结构演变的比较研究》，《世界历史》2003年第4期。

顾銮斋：《从比较中探寻中国中古社会赋税基本理论》，《史学理论研究》2005年第4期。

顾銮斋：《由所有权形态看中英中古赋税基本理论的差异》，《文史哲》2005年第5期。

顾銮斋：《比较史学视野中的"赋税基本理论"》，《华东师范大学学报》2007年第1期。

顾銮斋：《中西中古赋税理论中的一些概念及其界定》，《华东师范大学学报》2007年第1期。

钱乘旦、许洁明：《英国通史》，上海社会科学院出版社2002年版。

沈汉、刘新成：《英国议会政治史》，南京大学出版社1991年版。

施诚：《中世纪英国财政史研究》，商务印书馆2010年版。

[英]威廉·配第：《配第经济著作选集》，陈冬野等译，商务印书馆1997年版。

阎照祥：《英国政治制度史》，人民出版社1999年版。

杨德森：《英格兰银行史》，商务印书馆1926年版。

[英]约翰·克拉潘：《简明不列颠经济史》，范定九、王祖廉译，上海译文出版社1980年版。

[美]约瑟夫·熊彼特：《经济分析史》第1卷，朱泱、孙鸿敞、李宏、陈锡龄译，商务印书馆1991年版。

后 记

英国"财政史是惊心动魄的"。在英国历史上，王权与议会的较量，宪政制度的演进，从中世纪王朝国家向现代民族国家的转型，商业经济政策的制定与调整，海外殖民政策的出台与重构，军事行动的采取等，莫不与财政休戚相关。英国财政史的内容也是纷繁复杂、包罗万象的。因此，要揭示英国财政史中规律性的东西，就需要在对浩如烟海的历史资料进行细致梳理的同时，潜心研究。

目前，笔者还无力一窥英国财政史的堂奥。因此，这本小册子只是对近年来学习英国财政史心得体会的初步总结，决不敢奢求有学术上的创新和突破。

在这本小册子付梓之际，特向为此提供了无私指导和帮助的各位先生表示衷心感谢。

首先感谢我的四位恩师——山东师范大学的程汉大教授、南京大学的沈汉教授、北京大学的董正华教授、山东大学的顾銮斋教授。在他们的引领和扶持之下，我走上了学习和研究英国财政史的学术道路。然而，因为我的拙笨愚鲁，学无所成，至今才出版这样一个小册子，深感有负恩师的教诲与期望。

感谢英国布里斯托尔大学的罗伯特·比克斯（Robert Bickers）教授、罗纳德·赫顿（Ronald Hutton）教授、布伦丹·史密斯（Brendan Smith）博士，东盎格利亚大学的安迪·伍德（Andy Wood）教授，美国纽约联合学院的约翰·克莱姆斯（John Cramsie）教授，他们给予了在布里斯托尔大学的访学经费资助和资料上的支持。

还要感谢世界史教研室的诸位先生。马焕明教授、马继云教授、张永秀教授、王俊芳博士、孙晶晶博士，给予了无私的帮助和鼓励。感谢历史文化学院给我热心鼓励和支持的其他先生：于云汉教授、刘勇教授、范成祥教授、赵淑玉教授、王明德教授。

特别要感谢中国社会科学出版社的编辑武云博士，她细心地纠正了这本小册子的一些错误，深深感谢！

2012年2月